2030年、世界の1/3はイスラム教徒に

「格差拡大」とイスラム教

ピケティ理論から見た「宗教地図」の変貌

保坂俊司
中央大学教授

プレジデント社

まえがき ～なぜ、いまイスラム教なのか

イスラム過激派の凶行が止まらない。真のイスラムを主張するイスラム原理主義者たちは、なぜ一般市民を標的にするのか。なぜ欧米文明に激しい憎しみを抱き攻撃するのか。なぜこうも大きな勢力をもつに至ったのか。なぜ世界中から賛同者を集められるのか――。

本書の目指すところは、その背景を「富の格差」、「イスラム人口の激増」そして「文明のパラダイム転換」をキーワードとして、総合的に検討することにある。

その意味で一般的なイスラムやイスラム原理主義の解説本ではない。いわばイスラム原理主義における文明論からの分析である。

現時点で約15億人、２０３０年代から40年代のうちには約30億人、ざっと人類の３人に1人が、イスラム教徒になると予想されている「イスラム拡大の世紀」をいかに理解するかというテーマとの格闘の書である。

さらにいえば、急激に拡大し続けるイスラム・パワーがもたらす、世界規模の変動に対して、日本はいかに対応すべきかという大きな課題に対する筆者なりの提言の書物である。

イスラムと共存していかざるをえない21世紀の国際社会が抱える課題に対して、従来の欧米中心の思考から抜け出し、新たなパラダイムで対応すべきだと筆者は提言したい。というのも、イスラム過激派の凶行が日本人にも多くの犠牲者を出すまでに深刻化している昨今、日本社会では「イスラム嫌悪論」や「反イスラム感情」に火が付きかねない状態である。

確かに彼らの行動は、過激で、無慈悲で、破壊的である。しかし、このような悲惨な事件に直面すると一時の激情に駆られて、真実を見誤る可能性が大きい。

このような時こそ、事件の背後にある複雑な事情に目を凝らす必要がある。日本人にはイスラムへの知識が決定的に不足しているし、宗教が絡む事件の背景を世界規模で考える思考に不慣れな民族であるからだ。

本書では、現在急激に進むイスラムの拡大の意味を冷静に見据える知識をもつことを第一の目的とする。それは単なる知識の量を増やすことを意味しない。もっと根源的なレベルから宗教や文明の枠組みを捉えることで「イスラム台頭の世紀」ともいえる21世紀を理解するために不可欠で基本的な知恵を形成しようということだ。

なぜなら現代社会は、イスラムの拡大という世界秩序の根源的なパラダイム転換期に直面しており、この新しいパラダイムの理解の上にのみ豊富な知識が、現象の背後にある問題へと目を向けさせ、より深い問題理解へと導いてくれるからである。
そして、その先に問題の解決という地平も想定できると筆者は考えている。

イスラムという渦に巻き込まれる日本

今や日本にも20万人を超えるイスラム教徒が暮らし、世界の5人に1人はイスラム教徒の時代である。さらに国際政治、経済そして文化を考える上でも、イスラムの存在は、ますます大きくなっている。

まさに、21世紀は「イスラム台頭の世紀」と呼ぶにふさわしい時代となりつつある。我々日本人は、とかくグローバル化というと、欧米先進国の世界への影響力増大を考えがちであるが、実際には必ずしもそうとは限らない。

人口の増大、さらにイスラム経済圏の拡大、そして負の要因ではあるが、ＩＳ（イスラム国）などのイスラム過激派といわれるイスラムテロリズムの世界的な展開は、否応なしにイスラムの存在感を増大させている。つまり、イスラムの正確な理解なしには、国際社会の理解はおぼつかないということである。

グローバリゼーションの時代を迎えた今、日本人一人一人にイスラム拡大の時代を正しく認識するための基本的な知識が求められているのである。

しかし、文化的にも歴史的にもほとんどイスラム世界と接点をもたなかった日本人は、イスラム教への知識に乏しく、イスラム教という宗教が社会の隅々まで支配する〝宗教社会〟の理解に必要である基本的な心構えが、ほとんど育っていない。

周知のように今や全地球規模で展開されるグローバリゼーション（人・物・金・情報の移動に伴う政治・経済・文化・宗教の拡散）によって、地球社会は大きく変化しつつある。その変化の波は、人類がかつて経験したことのない規模と速さで進行している。

従来であれば、数十、数百年をかけ、数世代にわたって起こった変化が、わずか数年あるいは数ヵ月で展開されるのが国際社会の現況である。

我々が直面する課題は、この変化のスピードだけではない。近代西欧型文明が数世紀にわたり築いてきた近代文明優位の世界構造を根本から覆し、まったく新しい文明の形態を主張するイスラム文明と、いかに共存していくかということでもある。「国際秩序の大変化の時代」をどのように理解すべきかの枠組みを構築する試みが必要だということだ。

人類の3人に1人がイスラム教徒になる時代

21世紀は宗教の存在が、あらゆる面で大きなウエイトを占めることになるのは、昨今のイスラム世界の台頭を見れば明らかである。

イスラム教においては、宗教的に生きることが人間の義務であり、すべての価値に優先するからである。

しかも既に述べたように、世界においてイスラム人口は確実に増加している。ちなみに2011年のイスラム人口は、専門家である早稲田大学人間科学学術院の店田廣文によると約15・5億人（世界の総人口の約22％）であると考えられている。

それが店田の予測だと2025年には、全人類の4分の1の25～26％になるという。

そしておそらく2030年代から40年代の内には、世界人口の3人に1人がイスラム教徒という時代が、確実にくるであろう（後に検討するが、サミュエル・ハンチントンは2025年頃だといっている）。

まさにイスラム人口の爆発ともいえる現象である。

その人口爆発は、単に〝イスラムベルト〟と呼ばれる従来イスラム教徒が多数派を占める地域だけで起きているのではない。特に、近代西欧型文明のただ中にある欧米諸国でも、この傾向は顕著である。

例えばヨーロッパでは、移民問題として社会現象化しているし、アメリカではこれに加えてアフリカ系黒人のイスラム教への改宗が、社会的に大きなうねりとなっている。

このようなイスラム勢力の増大は、政治的・経済的・文化的・さらに宗教的に欧米先進国が〝自らが有利に世界をコントロールできるように形成した様々な世界システム〟に対して、修正や変更を迫る運動となって現れている。パラダイム転換が迫られているともいえる。

そこに共通するものは、イスラムという宗教をアイデンティティとして、新しい社会、国家、さらには国際秩序を形成しようというイスラム意識の昂揚現象である。

この現象は、イスラム教徒にとっては自然的帰結であるが、非イスラム教徒にとっては脅威となるものである。

しかも、この運動は、パラダイム転換という世界秩序の大規模な変動が不可避であるがゆえに、イスラム圏の人々にも大きなストレスを与えることとなる。まさに我々は文明変動の激流のただ中にある。しかし、この急激な変化に素早く対応できる人は少数である。多くの人々はこの変化に対応できずに精神的な不安感や貧困などの社会的不満を抱くこととなる。そして、そのはけ口を民族的な伝統や宗教への回帰によって癒やそうとする。

この動きにいち早く着目したのが、アメリカの社会・宗教学者で、同現象を〝宗教民族主義の台頭〟と表現したマーク・ユルゲンスマイヤーであり、さらに〝宗教文明の衝突の時代〟と表現したサミュエル・ハンチントンである。

イスラムの台頭の時代の新しいパラダイムモデル

この宗教民族主義と呼ばれる傾向は、冷戦構造の崩壊と共に成長してきたものである。政治的・経済的イデオロギー論争であったかつての冷戦構造は確かに熾烈であったが、その実は近代西洋自身が生み出した世界観の対決であり、その根は同じであった。しかし、宗教民族主義は、明らかに異なるレベルのものである。現象の主流にイスラム教の存在があるからである。

宗教や文明を同じくするイデオロギー対立とはまったく異なり、そこには宗教と文明を異にする異次元の構図が生まれたのだ。

筆者は、これを「古くて新しい問題の再燃」と表現してきた。イスラム教徒に顕著な宗教民族主義は、その名のとおり「宗教」が核心となっているので理解が難しい。特に19世紀以来世界の主流であり、日本社会が拠りどころとしてきた近代西欧型文明とは異なる原理をもつ、イスラム教という宗教を基本としている。ゆえに、21世紀の国際社会の理解には、従来の近代西洋型のものからパラダイムを転換する必要がある。

そこで、まずその21世紀の国際社会を理解するために、筆者が考えるパラダイムモデルを簡単に解説したい。

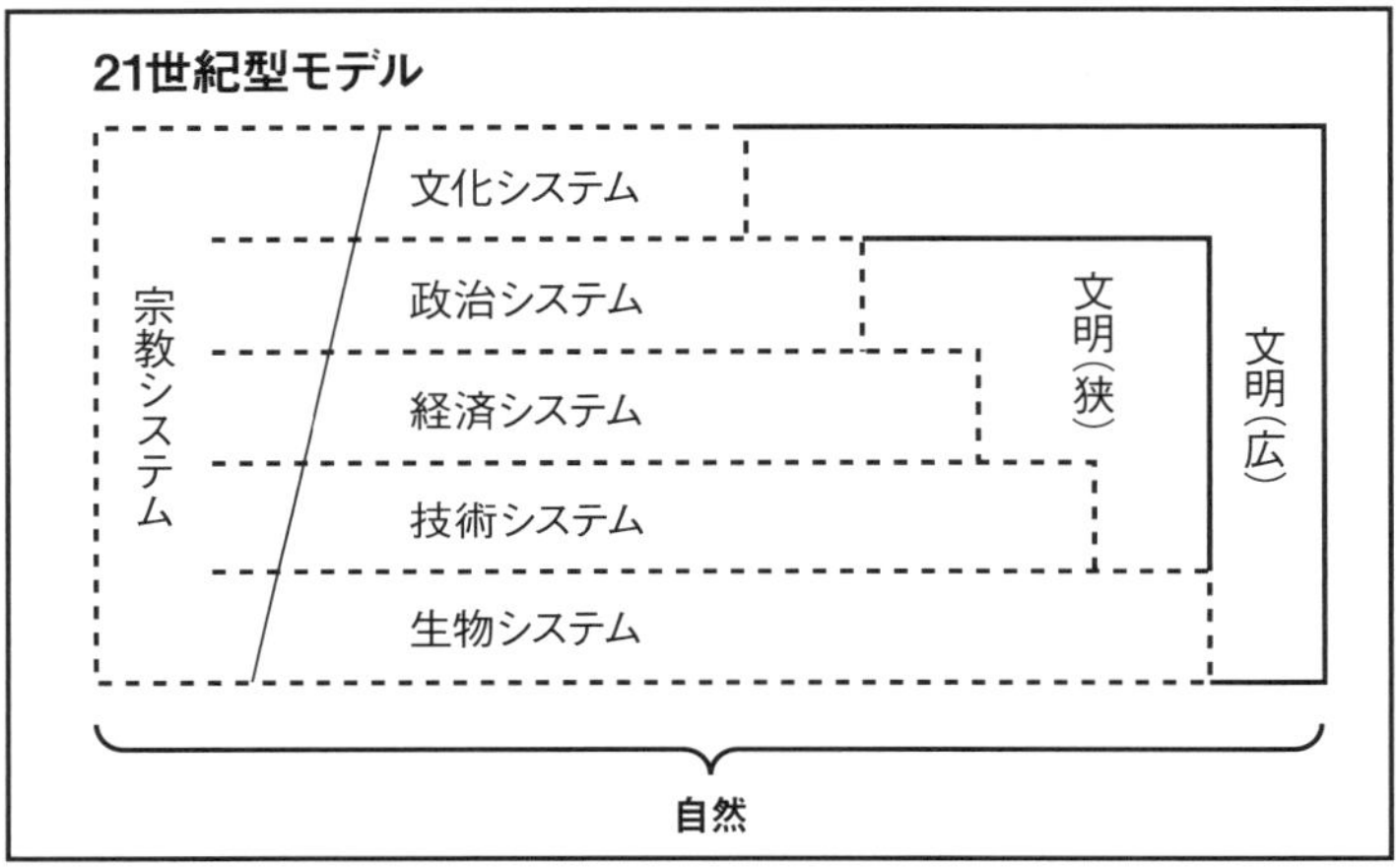

近代西欧型文明の下では政治や経済、宗教が未分化の状態は「遅れた社会」として問題視されてきた。人類は進歩と共に西洋型の体制（モデル）へ移行するべきであると考えられていたのである。しかし、その結果が、貧困や紛争の激化、急激な社会変化、環境破壊であった。近代西欧型文明こそ優れており、普遍性をもつとする発想そのものが、一種の思い上がりであったのである。

〝宗教民族主義の台頭〟は近代西欧型文明の問題を反映したものであり、それを理解することは近代西欧型文明の欠点を改め、よりよき文明形成のためのヒントを与えてくれる。

そこで筆者は近代文明モデルに対して、21世紀における世界認識のパラダイムモデルを上図のようなものにしてはどうかと考える。

宗教が文化の一部として矮小化されたために、かえって宗教の重要性を理解できにくかった従来のものと異なり、このパラダイムモデルは宗教が政治や経済と密接に関わっているということを基本とする。

そのために、宗教に無頓着、無防備な近代モデルと異なり、宗教は常に政治、経済と密接に関わるがゆえに、政治や経済の道具として利用されやすい、混同されやすいという点に注意を払うことを喚起するパラダイムモデルとなっている。

この世界認識のモデルは、宗教に関わる、または宗教を口実に引き起こされる経済的、政治的な問題の発生メカニズムを客観的に把握することにも役立つであろう。もちろん、その逆の関係にも有効である。

少なくとも、この21世紀世界を理解するためのパラダイムモデルであれば、政教一元のイスラム的な社会体制も、西洋型の世俗化された社会体制も同時に理解できるのである。イスラムという宗教をアイデンティティとして新しい社会、国家、さらには国家秩序を形成しようというイスラム意識の昂揚現象、一般に「イスラム原理主義運動」と呼ばれるものをいかに解釈するかが今後の世界秩序を考えていく上で非常に重要となろう。

本書がその手掛かりの一端でも提示できれば幸いである。

もくじ▼「格差拡大」とイスラム教

第1章▼格差拡大とイスラム教

第3章▼日本とイスラムの関係

第4章▼原理主義から見えてくるもの

第5章▼これからイスラムはどうなるのか

第6章▼イスラム教を知るための10のキーワード

図版作成　ライヴ・アート

※本文中は敬称を略している箇所があります

※本書では近代西欧、欧米、西洋文明と表記しますが、基本的には徐々に概念が大きくなることを意味します

※一部、現代では不適切とされる表現が含まれていますが、研究発表当時のまま掲載しています

第1章

格差拡大とイスラム教

——T・ピケティとS・ハンチントンで読み解く

▼「富の集中」が格差ならびに世界紛争を生む

▼不平等な富の移動を生んだ近代文明システムに「NO」を突き付けているのがイスラム運動だ

紛争の背後に「富の格差」あり

イラク、シリア、ウクライナ、アフリカなど世界中で紛争が頻発している。一見平和な地域にも、経済的な格差や軍事・政治の格差、文明間差別が一層顕著となり、社会的な不安定さは日々増大することはあっても、減少には向かっていない。

あらゆる種類の格差は、不平等を生み、その不平等から、不満や怒り、妬み、怨み、そして敵意が生まれ、暴力、紛争、戦争へと憎しみの連鎖は拡大し、残酷化し人々を心身ともに破壊し、社会や国家、さらには世界秩序まで混乱させる。

仏教の開祖ゴータマ・ブッダは「不安から恐怖が生まれ、恐怖から憎しみが生まれ、憎しみから争いが生まれ、争いから戦争が生じる。武器を取り争い合う人を見よ。彼らの心には、恐怖と憎しみが満ち溢れている」(『スッタニパータ』の意訳)と教えている。

ブッダによれば、あらゆる争いの背後には、憎しみや怒りがあり、その大本には不安や恐怖心があるということである。そしてその根源に「富の格差」がある。

現代社会を見ると、この2500年程前にブッダが悟った永遠の真実、それを表したこの言葉が、今日の国際情勢の分析とその解決に大きなヒントを与えてくれるのではないかとつくづく思えてくる。

しかし、現代社会を動かしている原理は、残念ながらこのブッダの教えではなく、ユダヤ、キリスト、イスラムに共通するセム族の教えである。

ピケティとハンチントンが指摘する近代西欧型文明の致命的な欠陥

現在の社会不安や世界紛争の多くは、富の格差に由来する。狭まるどころか拡大するばかりの経済格差、そして一部の人々に富の多くが占有されるという異常な富の偏在に大きな原因があると思われる。

この現代社会の深刻な経済的富の格差という現象について、膨大な資料と緻密な理論によって明らかにしたのが、トマ・ピケティの『21世紀の資本』である。

筆者は、本書で現在の中東における悲惨な紛争の原因を、富の格差の分析を導入として、その宗教的、歴史的背景について比較宗教学、比較文明学を用いて大局的な視点から検討したいと考えている。

特に、過激な行為で注目を浴びている、ＩＳ（イスラム国）などのイスラム過激派勢力の台頭の背景について「格差」をキーワードとして検討をはじめ、徐々に歴史的、文化的、そして宗教的な問題を考えていきたい。

まずイスラムの台頭という現象が抱える問題について、経済格差の問題を膨大な資料から立証し、この資本主義万能時代に「?」を突き付けた、ピケティの『21世紀の資本』の視点によって考えてみようと思う。というのも彼の考えの中に世界が抱える富の格差、不平等という憎しみの連鎖の鎖を断つ、ヒントがあるのではないかと考えるからである。

さらにこのピケティの視点と同様に、現代文明の主流である西欧やアメリカを中心とした欧米文明の一極支配ともいうべき現象に、政治的視点から「?」を突き付けたサミュエル・ハンチントンにも焦点を当てたい。筆者はこのピケティとハンチントンに共通性を見出している。それはどちらも近代西欧型文明における欠点を指摘しているという点である。

その欠点とは、この近代西欧型文明の世界レベルの展開は「権力」や「富」の一極集中を必然的に伴い、残念ながらその過度に集中した権力や富の再配分のシステムを持っていないことである。その結果、このシステムは富の不均衡という深刻な問題を引き起こしているといえるからである。

ハンチントンは１９９０年代に政治学の立場から、そしてピケティは２０１３年に経済学の視点から、近代西欧型文明が抱える致命的ともいえる問題を指摘し、その文明の軌道修正の必要性を指摘しているのである。

残念ながらハンチントンの指摘は、その後の国際政治に十分生かされなかった。そのため国際社会は、イスラム過激主義、原理主義の運動を激化させることとなってしまった。はたして、ピケティの「富の格差」に対する指摘は、どうなるであろうか。我々は、この指摘に真摯に向き合う必要があるだろう。

とはいえ富には、単に経済学用語的にいう経済財のみならず、それを生み出す社会財、制度などの政治財、軍事力などの武力財、そして宗教思想、芸術などの文化財と多様な要素を含んでいる。その意味でハンチントンの政治的な視点も、富の格差の問題を扱っていると筆者は考える。

ピケティやハンチントンの著書を導きとしつつ、イスラム原理主義やイスラムの台頭の背景について、多方面から中立的に検討しよう。

ピケティが明かした「人口と富の産出の関係性」とは？

現在ベストセラーとなっているピケティによる『21世紀の資本』の格差社会の拡大の議

論は、現在のイスラム圏における反欧米諸国、そしてその背景にある近代西欧型文明への強い反発の背景について、経済的な視点から、明確な数値で我々に示してくれているという点で大変興味深い。

もちろん、ピケティの著作は資料の豊富な欧米や日本の税収などの統計資料を用いているので、資料のない地域の考察には至っていない。とはいえ膨大な資料にあたる中で、欧米先進国の経済状況のみならず、おおむね世界規模の富の動きが明らかとなったといえる。『21世紀の資本』には、「1900年から1980年までは、世界の財やサービスの生産のうち7~8割は欧米に集中しており、文句なしにこの地域がその他の地域を圧倒していた。2010年になると、欧米のシェアはざっと5割にまで下がった。これは1860年とほぼ同じくらいの水準だ。どう見ても、これはさらに下がるだろうし、21世紀のどこかで2~3割にまでなりかねない。これは19世紀初頭までつづいた水準だし、欧米が世界人口に占める割合とも一致する」という指摘がある。

この近代における欧米諸国の一人勝ち現象と、その穏やかな衰退という指摘は、ハンチントンの認識と通底するものでもある。

ともあれ、近代西欧型文明が、その文明力を用いて一方的に世界中からかき集めた富の現状を、ピケティは客観的な数字で表すことに成功している。

端的にいえば、1700年から1820年頃までの世界の富（経済財）の産出量の比率は、ほとんど人口分布と同じであったということである。

産業革命以前、アジアの世界人口に占める割合は60％強であり、その生産性は65％前後、一方、ヨーロッパは人口の割合は20％であり、生産性はやや高めで30％であった。つまり、人類には経済財の産出量において地域差は少ないということがわかる。ただし、さらに古い中世では、ヨーロッパの生産性は極単に低かったということもいわれている（詳細は拙著『宗教の経済思想』参照）。

さて、この人口と富の産出の均衡関係が、急激に崩れるのがピケティによれば1820年代である。ここから1913年頃、おそらく第1次世界大戦の勃発まで、ヨーロッパ諸国の富の産出割合は急増する。ドイツの歴史学者シュペングラーの『西洋の没落』でも指摘されたように、ヨーロッパが第1次大戦以後その繁栄に陰りを見せると、今度はアメリカがさらにその文明を効率化させて、世界中の富を収奪するシステムを構築する。

このアメリカの発展は、ヨーロッパ以上に急激であり、その富の占有率も1970年代までほとんど右肩上がりであった。

ここで留意したいのは、人口比率に関してヨーロッパもアメリカも増加はしたが、人口の増加が富の生産性を高めたわけではないということである。

“近代文明”は巨大な収奪マシーン!?

人類全体の富の産出率に占める欧米の割合の急激な増加、これが意味するものとは何か。つまり「欧米は産業革命で実現したリードにより、世界に占める人口比率の2～3倍の世界産出シェアを実現できた」という指摘の背後にあるものは何かについてを検証したい。

我々は、産業革命による技術革新や生産性革命のプラスの面だけを考えがちである。しかし、問題はその工業製品を誰がどのように購入したのかという点である。

蒸気機関の発明や内燃機関など巨大な力を生み出す新動力源や自動織機等の発明により、溢れんばかりの工業製品が生み出されたが、その製品はどこに売られたのか。

周知のようにその押し付け先ともいえる販売先は、インドや中国などのアジア地域であった。さらに、それらの原材料の仕入れ先は、アジア、アフリカ、南米などで、現在、これらの地域は貧困や社会不安、そして紛争が絶えない地域でもある。

欧米の富の産出における占有率が上昇する時期は、産業革命により西欧諸国がアジアやアフリカに市場を求めて進行し、また原材料の確保を目指して植民地支配を始めた時期と符合する。そしてこの時以来欧米諸国あるいは近代西洋文明圏には厖大《ぼうだい》な富がもたらされた。つまり、植民地経営とは、アジアやアフリカの富が欧米、特に西欧諸国に移行されることを意味し、これらの中心にイスラム諸国がある。

ピケティはさらに、西欧諸国の１７００年代から２０１２年までのＧＤＰの世界平均に対する割合も、１８２０年代から急激に上昇に転じていることを示している。欧米の１人あたりのＧＤＰの世界平均に対する割合は、１７００年あたりから１９９０年まで一貫して伸びており、一方アジア・アフリカの１人あたりのＧＤＰは１９５０年代まで連続して低下し、１９７０年代から２０１２年にかけてわずかに上昇に転じてきているという。

これらは産業革命以降、欧米人の獲得する富が急激に増加したことを意味するが、一方でその富は、アジアからの収奪に起因するということもまた事実であろう。

ピケティの研究では、欧米やアジアの富の増加比率の変化しか分からないが、18世紀以来の富の増加の多くを占める工業製品の消費先は、アジアであり、欧米人が同地域から富を吸い上げた結果が、主に欧米諸国の富の源泉である。その総量はいかほどかピケティも指摘していない。

アジアは少しずつ富が戻りつつあるが、イスラム圏では？

このアジアの住人の多くが、ヒンドゥー教徒、イスラム教徒、仏教徒、そして儒教の中国人であるという事実は重要である。

現在、これらの地域でも新たな富の格差が生まれている。その多くはかつて富が流失した地域である中国、東南アジア、インドが中心であり、彼らの下からかつて流失した富が、還元されつつあるという面も小さくない。

これらの地域では、富の格差は生じつつあるが、地域全体の富の総量が増えているため、今のところ大きな不満に至っていない。というよりむしろ、ここ数世紀の間、失っていた文明力に少しずつ自信と体力が戻りつつあるという状況である。

しかし、例外がある。それが中東地域のイスラム教圏であり、またアフリカである。

ピケティの資料によれば、アフリカの人口は、２０１２年の時点で10億７０００万人。世界の人口に対する比率は15％、そして世界のＧＤＰに占める割合は４％、１人あたりのＧＤＰは２６００ユーロである。

より詳しく見ると、イスラム教徒の多い北アフリカにおいては、人口は1億７０００万人、世界人口の2％で、GDP比は1％である。

残念ながら他の産油国などのイスラム諸国の資料が提示されていないので、正確なことは不明であるが、総じてイスラム圏の経済成長は、東南アジアを除くと思わしくない。

その差は、一体どこにあるのか？

ここに経済学のレベルのみでは明らかにできない問題があると筆者は考える。政治あるいは軍事などの地政学的な要因や宗教文明の要因等の考慮が必要ということである。本書ではこれを一括して文明とし、文明学から検討することとする。

産業革命が「文明間格差」を作った

産業革命によって飛躍的な生産技術の向上があり、大量生産が可能となった品々はアジア、特にインドや中国などの巨大な人口をもつ地域にあの手この手で売られた。その対価として、同地域で生産された富が欧米に吸い上げられたというわけである。

この不平等な富の移動を生み出した近代文明システムに対して「NO」を突き付けているのが、現在の「イスラム復興運動」であると筆者は考えている。

もちろん、それはＩＳ（イスラム国）のような「暴力的な」という意味ではない。イスラム経済圏の拡大やイスラム教徒の人口の増加による国際社会における発言権の増大など、世界的にイスラムの存在感が、徐々に増しているという現象を指すのである。この点は後に詳しく考えるが、イスラムの復興、あるいは復権と呼ばれる現象である。

しかし、一方で、この現象は仏教徒やヒンドゥー教徒、あるいは儒教などを信奉するインドや中国などと異なり、かなり暴力的な行動が伴う復興運動も含んでいる。それがイスラム原理主義、過激主義といったグループの運動である。

中国やインドと異なり、イスラム諸国では思うように、経済的な発展が進んでいない。というよりも、社会的な混乱、紛争が頻発し、繁栄どころか国家機能がマヒする国家さえある。これらの地域で、深刻な紛争が繰り広げられていることは、周知の事実である。

なぜ、イスラム地域にこのような紛争が頻発するのか？　その原因は何か？　徐々に考えていきたい。

17世紀における世界の富は中国、インド、イスラム圏にあった

先に書いたように、豊かな欧米と貧しいアジア・アフリカという構図は、実は近代の産物である。近代以前、世界の経済や政治の中心は中国、インド、イスラム圏にあり、西ヨーロッパの存在は非常に小さかったのである。17世紀にインド皇帝は「世界の富は中国、インド、トルコが所有している」という言葉を残したといわれている。

この点はハンチントンの『文明の衝突』を参考にしながら簡単に説明する。

ハンチントンによれば1750年における世界の工業生産の各地域の割合は西欧18・2%、中国32・8%、インド・パキスタン（ムガル王朝のインド）24・5%、その他15・7%となっている。総じてハンチントンはイスラムへの分析が不十分であるが、ここでもトルコ帝国の記述がないのは不可解である。それが1880年には、西欧68・8%、中国12・5%、インド2・8%、その他5・3%となり、西欧の突出とかつての工業製品の生産国であった中国やインドが極端にシェアを失っていることがわかる。これは産業革命の影響である。さらに1928年には一層この傾向は顕著となり、西欧84・2%、中国3・4%、インド1・9%、その他1・1%となっている。

しかし、その後、西欧の占有率は徐々に減少する。1963年には65・4%、1973年には61・2%、1980年には57・8%となっている。残念ながらその後の統計は示されていないが、この傾向はその後も続き、1980年においても中国の9・1%、インドの2・3％と低い数値で推移している。

ちなみに、日本は1750年3・8％、1880年2・4％、1928年3・3％、1973年8・8％、1980年には9・1％に急成長している。

もちろん1990年、2000年代と数値があれば中国やインドがかなり成長していることがわかるであろう。しかし、西欧は徐々に減退したとはいえ、この時点でも1750年の18・2％の3倍のシェアをもっているのである。ハンチントンは、この数字に西欧文明の衰退を見るのであるが、アジア人である筆者には、18世紀以来の西欧文明圏による他地域から収奪が今も続いていると考えると何とも哀しい気分になる。しかし、これが西欧文明の本質であることは事実である。

現在でも行われている半強制的な「富の移動」

人類の富の多くが、第一次産業の生み出すものであった200年ほど前までは、西欧の極端に低い生産性では、多くの富を蓄積することは不可能であった。

それが19世紀あたりから急激に増加したのは、不法、合法を問わずアジアからの富の移行があったからである。

例えば、産業革命に不可欠な資本の由来についても、その多くがインドや中国からの富の収奪であったということは、歴史的な事実である。さらにいえば、産業革命によって生産された製品を、強引にインドに売りつけ、その富を収奪したことも、よく知られたことである。イギリス製の低品質の毛織物を売るために、インドの綿織物工の指を切り、事実上インド織物産業を壊滅させたということすら歴史的に行われたのである。

従来この種の議論は、明確な数字的裏付けが乏しいために深まらなかった。しかし、ピケティの研究によって、イギリスなど欧米諸国が、どこから膨大な資本を獲得したのかがある程度明らかになったといえる。

実は近代産業文明における厖大な生産を消費者として支えていたのは、アジア・アフリカ地域であったということは、彼らが本来ならば享受すべき富の多くが、欧米地域に移行されたということを意味している。

そして、その構図は今でも見られる。現在も石油等の地下資源や、農業産品などが欧米系の企業によって加工されたのちに、アジア・アフリカ諸国に供給され、相変わらず同地域から富が欧米に移行するという構図が形成されているのだ。

経済活動という名において行われる、半強制的なアジア・アフリカからの富の移動は、20世紀になってますます大規模かつ多様化し、欧米先進地域とその他の地域の富の格差を大きくし、21世紀に入るやその速度は増している。

数値が物語る格差

ピケティは『21世紀の資本』の中で「2012年の世界の人口は70億人、世界の産出額は70兆ユーロ強なので、世界の一人あたりの産出はほぼ1万ユーロきっかり」としているが、実際の産出を同書の表から引用すると、ヨーロッパの平均が2万4000ユーロであり、EUのみであれば2万7000ユーロである。また、同じくアメリカ・カナダでは4万7000ユーロであり、日本は3万ユーロとなる。

一方、多くが18世紀以降収奪対象となったアジア・アフリカ地域では、アフリカの平均が2600ユーロ、北アフリカは7000ユーロであるが、サブサハラ・アフリカ地域は、たった2000ユーロである。同じくアジアの平均は7000ユーロであり、中国は7700ユーロ、インドは3200ユーロである。またその他のアジア諸国の数字はかなりおおざっぱであるが、7600ユーロとなっている。

ところで、本来農業生産や地下資源の豊かなアジア・アフリカ地域において、いかに工業生産の割合とはいえ、その生産割合の急激な低下は、どのように考えたらいいのか。

欧米や日本の学者は「同地域の文明化の遅れ」ということで説明しがちであるが、産業革命以前の状況を考えれば、そのような説明で納得するのは、欧米などの先進国に属するものだけであろう。

近代文明は、実際には世紀を超えて文明を跨いだ富の乱暴な移動（収奪）があり、欧米諸国に巨大な富の偏り、つまり文明間に富の格差を生じさせる構造を生み出したのである。

この点を石油の事例でもう少し補足してみよう。

オイルマネーの偏在と産油国内での格差

周知のように石油は、特定の地域に偏在している。その中心に中東諸国があり、その多くがイスラム教国という構図になっている。

いわゆるＯＰＥＣの中心はイスラム教を奉ずる国々である。そして、産油国は一様に豊かだというイメージもある。

確かに、中東の産油国は、原油を原材料として輸出することで富を得ている。多くの産油国は人口や産業の面から、石油製品の消費国としては占有率が低い。

したがって、彼らの石油は農産品と同様に、安く価格を抑えられている。ここでも、ある意味で富の不当な移行が行われ、経済格差を生み出す要因が働いているということになる。しかも、多くの産油国は、農産物さえ輸入に頼り、収入を原油の輸出のみに頼っているのが現状である。

ところで統計的には産油国は比較的豊かとなるであろうが、その実、石油の富は、王族など一部の人々に独占されており、国民一人一人の富の水準は必ずしも高くない。

例えば、２００５年度のオイルマネーは総額９２００億ドルであり、そのうち３７００億ドルが中東地域の総額である。

問題は、莫大なオイルマネーがどこに蓄積、配分されるのかということである。この資金の多くは、一部の人々が独占しているという事実は、アラブの王族の非公開ながら莫大な資産を見れば一目瞭然であろう。

イスラム過激派のつけ入る隙

アラブ諸国、特に産油国における富の分布については、統計などはないであろう。人口の0・1％の国民が国家の富のどのくらいを占めているかなどという議論すらできないかもしれない。

仮にサウジアラビアでいうならば、人口が2000万人ほどであり、その0・1％というと2万人となる。王族関係者や富豪といわれる人々だけでこれくらいになるであろう。

アメリカの経済誌『フォーブス』が毎年春に発表する世界の長者番付の中には、産油国の王族が数多く含まれている。

実は、彼らの多くは、王族としての歴史は特別に長いものではない。産油国の王族の中には〝西欧列強の支援〟で国家体制を確立したサウジアラビアのような国もあり、必ずしも国民の歴史とともに成立したとはいえない国も少なくない。

さらに、最大の産業である石油の買い取りが、欧米諸国によるものである以上、産油国が欧米諸国に対立することは難しい。そのため、これらの国の為政者は、国民よりも先進国側を見ることになり、オイルマネーという巨額の不労所得の増大とその富の独占に心を砕いている。産油国の多くの国民は、富の流入総額と自らの富との差の大きさに、少なからぬ不満を抱いているであろうことは、想像に難くない。

現時点で中東などの多くの産油国では、不満はありつつも現状肯定する国民が多数派か、あるいは政府が反対派、不満分子を力で封じ込めることに成功している状況ではあるが、産油国の国内にも富の格差が生まれており、政治への不満は確実に高まっている。

しかし、その政策にも限界がある。湾岸戦争やイラク戦争などの戦費、あるいは平時における過剰な国防費などの浪費により、国家の財政がひっ迫する中で、そのしわ寄せは、中下層の国民により強く現れているとすればなおさらである。

中東研究者の岡倉徹志が示すデータでは、湾岸戦争後、サウジアラビアなどの産油国の国民所得は事実上半減したばかりか、人口増加の圧力が急上昇し、ＧＤＰは下落したという。

例えばサウジアラビアでは１９８０年の国民1人あたりのＧＤＰは1万６７００ドルであったが、１９９７年には７０００ドル、１９９８年には６３００ドルに下降したとされる。その影響もあり、特に大学卒業者の失業率が高く、１９９９年には30％と推定されている。そして、こうした学生たちの中にはイスラムに救いを求めるものも出ているという。

しかし、現実には、サウジアラビアには多くの出稼ぎ労働者もいて、彼らは清掃業、建設業などのいわゆる3Kの業種を支えている。このような社会における不満は、産油国であるサウジアラビアなど豊かな産油国特有の問題といえるかもしれないが、不満は不満としてやはり深刻なものである。

いずれにせよ膨大な額のオイルマネーの極端な富の偏りと、石油価格の変動は、安定した国家運営には大きな問題となっている。ここに「イスラム過激派のつけ入る隙がある」ということである。

西欧列強の思惑によって支えられている王族や首長たち

サウジアラビアや湾岸産油国の王族や首長が、石油の富を占有できるその根拠は、どこにあるのであろうか。

このあたりのことが明確にならないと、おぼろげながらでも中東情勢を理解することが難しいように思われる。

中東湾岸地域は古《いにしえ》より文明の中心であり、また諸文明の交差点でもあった。そのため、同地域は戦略上でも、文明交流上でも常に世界の中心として、繁栄と略奪が繰り返されてきた。現在でも同じことが起きているといえるかもしれない。

というのもこの地域は、現在においても文明の血液ともいえる石油の産出地域という、まさに現代文明の要である。中東地域は今でもイスラム文明と近代西欧型文明がしのぎを削る場だということだ。

ただし、現在のような文明の血液たる石油という位置づけは、1930年あたりからで、石油の歴史は浅い。それゆえ同地域の人々は、西側先進国のいいなりに、石油を掘削し供給してきた。そして、石油が生み出す富の多くが王族などに還元され、一般の人々までスムーズに降下しないという構造ができあがっていることは既に触れたが、現在この地域を治める王族や首長の多くは、トルコ帝国の衰亡期に、西欧列強の思惑やバックアップによって成立した人々である。彼らは石油からあがる膨大な代金の多くを所有する代わりに、同地域の安定という役割を与えられているのである。

ここにも、産油国などのイスラム圏諸国が抱える大きな格差構造が隠されている。既述したが、確かにサウジアラビアや湾岸産油諸国の人々は、他地域から見れば豊かである。

しかし、それらは石油からあがる利益のどれほどが配分されての数値なのかも不明である。さらにいえば、サウジアラビアなど湾岸諸国には、少数派で不当な扱いを受けるシーア派や外国人がおり、彼らは特に富の配分が少ないといわれている。

このようなシステムはなぜ生まれ、なぜ改善されないのか。もちろん、同地域が抱える問題は、単に経済格差だけが原因ではない。その背景としてイスラム教という宗教がもつ、現代文明との不親和性、つまり折り合いの悪さということも考慮する必要がある。

なぜなら、現代文明の基礎は、キリスト教によるところが大であり、この文明は西欧キリスト教文明と呼ぶこともできるからである。

人口増加も格差を生み出す要因の1つである

格差、特に経済や政治の格差を生み出す要因の1つに人口増加がある。そこで人口増加と格差の問題についても考えてみよう。

ピケティは、人口増加が社会不安を引き起こし、その結果大きな社会変革が引き起こされる要因となることを控えめながら指摘している。

「フランスの人口はさらに18世紀を通じて、ルイ14世時代の終わりからルイ16世の処刑までずっと安定して増加し、1780年には3000万人（1700年に2000万人※引用者注）近くになった。1789年の爆発に先立つ数十年で農業賃金が停滞し、地代が上昇したのは、どう考えてもこの空前の急激な人口増加のおかげだ。この人口シフトだけがフランス革命の原因だというわけではないが、貴族階級と当時の政治レジームの人気凋落には明らかに貢献している」

もちろんピケティを引用するまでもなく、人口の増加は、既存社会の構成員の数を増やすことになり、財や地位、機会の再配分といった社会構造の変化を伴う。

その変化が急激で、既存の社会との連続性における断絶が大きい時、革命と呼ばれる社会現象となり、深刻な紛争と社会混乱が生じてくる。後に検討するが、アジア・アフリカ圏でもイスラム諸国の人口増加は急激で、今後大きな不安定要因となろう。当然それは、必ずしも内部からのみ生まれるものではなく、しばしば外部からの働きかけによって引き起こされるし、またイスラム圏以外の国にも移民の流入という形で不安定要因となる。

人口増加と社会変動

自然な人口増加は、ある程度歓迎されるのであるが、それに比例して生産性という分母が拡大するという条件付きで祝福されるものでもある。

今風にいえば経済が右肩上がりのときに、人口増加は歓迎されることになる。

一方、人口を支える経済の分母が大きくならずに分子である人口だけが増えれば、その頭でっかちの構造はどこかで崩壊する。つまり社会不安の状態から社会変動、最悪の場合、革命や内乱さらには戦争が引き起こされることにつながる。その不安定さのゆえに、既存の構造における既得権者は、恐怖を強く感じることとなる。

例えば、現代の我々がそれを市民革命と呼び、人類の進歩として礼賛するフランス革命についても、当時の社会の既得権者はそうは考えなかった。

ピケティは当時のイギリスのエリートであったヤングについて「(フランス革命の結果)1789~1790年に、貴族と平民をひとつの立法府で同席させると決定したとき、ヤングはフランスが破滅に向かっていると確信した」ということを著書で紹介しているし、人口論で有名なマルサスについても「貧困者への福祉はすべて即座に停止して、貧困者の子作りは厳しくチェックしないと、世界は人口過剰によるカオスと悲惨に向かってしまう」と、人口増加に伴う社会変化への恐怖がいかに大きかったかを紹介している。

別段、ピケティを持ち出すまでもないが、移民や難民の流入が既存社会に危機を生み出すことは、ヨーロッパで進行中である。

〝イスラム人口激増〟の背後にあるもの

次にイスラム人口の増加がなぜ問題となるのかを考えたい。

もちろんイスラム教徒が増えること自体が問題なのではない。それを支える社会背景に大きな不安定要因があるゆえに、深刻な問題となる可能性をもっているという意味である。

まずイスラム教徒の人口の増加率についてみてみよう。

統計的にもイスラム教徒は、確実に世界において人口を増加させている。

まえがきでも触れたが、２０１１年のイスラム教徒の人口を、この分野の専門家である店田廣文は、15億４８９７万人（世界の総人口の22・３％）と推計し、２０２５年頃に25～26％がイスラム人口になると予想している。

一方ハンチントンは、２０２５年には全人類の30％あまり、つまりほぼ3人に１人はイスラム教徒となると予測している。いずれにしても２０３０年代には、イスラム人口は、30％を超えて、全人類の３人に１人がイスラム教徒の時代となることは確実だ。

このイスラム教徒の人口増加率はまさに人口の爆発といえるほどの急激なものである。

しかも、その人口爆発は、先述のとおり、イスラムベルトと呼ばれる従来イスラム教徒が多数派を占める地域のみならず、欧米諸国等でも、この現象が起きているのである。

特に、ヨーロッパでは移民問題、アメリカではこれに加えてアフリカ系黒人のイスラムへの改宗が、社会的に大きなうねりとなりつつある。

そして、イスラム教徒はどの文化・文明の土地に行っても、イスラムの生活様式を変えない、あるいは変え難いという点で、文明の対立といわれる問題を引き起こしやすいのである。筆者はこの理由を「イスラム教徒は郷に入っても我が道を行く」と表現している。

今後深刻化するイスラム圏の人口爆発

この問題を考える上で典型的なイスラム教国における人口の推移を見てみると、さらに面白いことがわかる。

イスラム人口の急増は1950~1970年頃から本格化している。中には1900年から2000年の100年間で約10倍になったイスラムの国もある。

詳しく個別の国の増加現象を1950年から2000年まで見てみると、トルコは1950年2148万人から2000年には6823万人と3倍強。現在悲惨な内戦に見舞われているシリアも同じように比較すると、349万人から1681万人と4倍強。サウジアラビアは320万人から2148万人と6倍強、イラクは534万人から2507万人と5倍弱、イランは1691万人から6636万人と3倍強、パキスタンは3694万人から1億4264万人と4倍弱、インドネシアは7953万人から2億917万人と3倍弱となっている。

非イスラム国である日本は、1950年から2000年までに8362万人から1億2000万人で約1・5倍、仏教国のタイは1962万人から6143万人で3倍強、ベトナムは2736万人から7867万人で3倍弱などイスラム圏の拡大から見るとその増加率は低い。

ハンチントンによる文明圏別の人口比では、イスラム圏は1900年に4・2%、1920年に2・4%、1971年に13%、1990年に13・4%、1995年に15・9%、2010年に17・9%、そして2025年には19・2%となる。イスラム圏の拡大が人口という形で目に見える数値である。このイスラムに顕著な1950年以降の爆発的な人口増加はどのように理解できるのか。

アフリカなどでは、植民地からの独立がこの時代に集中したことが挙げられる。それは18世紀以来の西欧による中東やアフリカ地域の植民地化の反動で、ハンチントンによれば

「ソ連崩壊後の1995年には、これらの領土の内69カ所がムスリムの支配下に戻り、約45の独立国ではイスラム教徒の数が圧倒的に多い」という背景がある。この現象は、総じてヨーロッパの収奪が減退し、国民が自由と希望を得て人口が急増したということになる。

さらにいえば、キリスト教徒である宗主国の植民地支配から脱却することによって、新たに国作りをした多くのイスラム教系の国家は、そのアイデンティティをイスラムに求め、イスラムの精神で国作りをするという点が強調されたわけである。この現象に、宗教民族主義や宗教文明論的な視点の意味が生じる。

また、同時に衛生状態の改善による乳幼児の死亡率の低下、特にイスラム特有の避妊等の人口抑制への忌避などが、人口爆発につながったのである。

この人口増加と植民地からの脱却という2つの要因は、西欧文明と異なる原理であるイスラム文明による国家建設運動や、その過激な展開であるイスラム原理主義やイスラム過激主義を生み出す大きな原因ではないかと考えられる。というのも、これらの国では新政府は良好に機能せず、かえって民族・部族対立が生じ社会は混乱している。加えて人口増加が社会不安とつながり、結果として近代西欧型の国造りは失敗し、彼らの信仰に根付いたイスラム文明へと逃避していくこととなった。その過程は、宗教民族主義の主流であり、ハンチントンが述べる、反西欧文明としてのイスラムへの回帰の姿である。そのイスラムへの回帰は、実は西欧化の失敗あるいは、未完成ゆえの現象であるとハンチントンは考えているようである。

ではなぜ西欧化に失敗したのかといえば、ハンチントンのいうように、「イスラム文明が西欧文明と折り合いが悪い」ということになる（イスラム文明が近代西欧型文明と折り合わない理由は後述する）。

しかし、それだけではない。やはり、イスラム圏が結果的に、西欧文明の物質的な繁栄のための、資源（石油や天然ガスから、綿花などの一次産品）の供給地であり、また工業製品や兵器の消費地であるという経済構造に大きな原因があると思われる。すなわち文明間の格差が解消していないということである。

そして、同地域の経済発展や政治的な安定を、この状況維持のために、かなり恣意的にコントロールしてきたということも事実であろう。例えば政治的には反欧米政権の転覆や造反への支援、傀儡《かいらい》政権の樹立、経済的には石油などの資源価格のコントロールを通じての支配などである。

このようなことは国家戦略、文明維持戦略としては至当であるが、同時に決して長続きはしないということでもある。歴史上の文明の浮沈は、このような不均衡の是正の結果であるからである。イスラム圏の人々が不満を感じるのは、由なしとしないのである。

いずれにせよイスラム圏では、人口の増加の割に経済の発展は伴わない。それは湾岸・イラク戦争と続いた戦争や、北アフリカ地域で2010〜2012年に起きた「アラブの春」によって国家機能がマヒしていることも関係している。これらの地域は悲惨な状態にあるといえる。

この背景は何なのかを探っていかなければならない。そこには文明全体に関わる要因があると、筆者は考えているからだ。

内側からイスラム化する西欧文明

近代化に失敗したイスラム圏のみならず当の西欧文明圏にもある種の行きづまりはある。特に移民という形で西欧文明のお膝元でも起きつつある。先にも述べたように、西欧文明の下でのイスラム教徒の増加である。

ハンチントンによると、欧米へのイスラム系移民の数は、ドイツにはトルコ系移民が1990年には167万5000人、フランスには1990年代半ばに400万人のイスラム系住民が移り住んだという。

１９９０年代のヨーロッパへの移民の３分の2がイスラム教徒であった。また西欧では、生まれる子供の10％が移民の子供であり、ベルギーの首都ブリュッセルでは、そのうち50％がイスラム教徒だという。

これらの結果、２０１３年のヨーロッパ在住のイスラム教徒は４４９１万４０００人であると前出の店田廣文は、厳密な調査からその数値を割り出している。

店田によれば既に西ヨーロッパ内の人口の６・１％がイスラム教徒となっているという。この急激な人口増加は、若者の就職難などが起きているヨーロッパにおいて深刻な社会不安を引き起こし、ひいては西欧文明、近代文明への絶望を生み、結果としてイスラム過激主義への賛同者を生み出すという悪循環を作っているのである。

また、西欧の市民権をもつイスラム教徒が不当に差別されているとの情報もある。その理由についてハンチントンは、ヨーロッパ人の「イスラム社会は移住先の社会の文化に同化していないし、また同化しようとする気配もない」という言葉で、その文化的な在り方を紹介している。筆者のいう「郷に入っても我が道を行く」文化が起こす摩擦である。

確かに、一部のエリート以外は、イスラムの伝統に従って生活する人々が多い。それは、安価な労働力を求めて西欧諸国がイスラム圏から移住者を募集したという過去の政策の結果ということもある。それゆえに文化的な折り合いが悪く、ヨーロッパ社会に溶け込めない彼らの子弟も少なくないであろう。そこには宗教的な理由が少なくないのである。

それを宗教差別というのは、やや酷かもしれない。どの地域でもマイノリティーは不利な状況に立たされる。例えば日本でも、在日韓国・朝鮮人への差別は根深いし、経済の停滞による富というパイの奪い合いが激化すればするほど対立は深まる。ただしこの場合は、宗教対立でないため世代を経れば緩和する。しかし宗教が入ってくるとそうはいかない。

マイノリティーであるイスラム教徒の境遇には同情を禁じえないが、逆の立場はどうであろうか。イスラム社会で、欧米のイスラム教徒が多数派に要求するような境遇を与えているであろうか。

このあたり、イスラム側からの意見はあまり伝わらない。ここにも現在のイスラム圏側の問題があるように思われる。後で詳述する、かつてインド・ムガル朝がもっていたような諸宗教融和思想に、イスラム圏の人々も学ぶべき点があるように思える。

「21世紀＝宗教の世紀」への予言

ハンチントンは、冷戦終結後の社会の統合原理は「文化的なアイデンティティの象徴が重要な意味をもっている」と述べている。まさに宗教民族主義・宗教文明論の言説である。加えて彼はこれについて「既存の価値観を失った人が、古い価値観を再構築し、それのシンボルとして旗などの象徴を殊更に誇示して、この再構築された、つまり古い象徴を現状に合わせて加工して振りかざし、私事行為を行うことで、自己の正統化を図るとともに、かつての関係性を呼び起こす。その時特に、かつての敵対関係を強調することで、内なる結束の、また自らの正統化に利用する」とも述べている。

この視点に立ってハンチントンは「本書の中心的なテーマをひとことでいうと、文化と文化的なアイデンティティ、すなわち最も包括的なレベルの文明のアイデンティティが、冷戦後の統合や分裂あるいは衝突のパターンをかたちづくっている」と論じている。ハンチントンの特徴は、文化をさらに包括的な視点から文明と呼び、この文明の基本に宗教を位置づけることである。つまり「文明と文化は、いずれも人びとの生活様式全般をいい、文明は文化を拡大したものである」。そして「文明を定義するあらゆる客観的な要素のなかで最も重要なものは通常、アテナイ人が強調したように、宗教である」といっている。この指摘は、日本人には理解しにくいかもしれない。

それは日本人が「宗教」という言葉に、明治以来特殊な意味を付加してきたからである。この点に関して今回詳説は省略するが、明治以来日本では、神道非宗教論という立場を確立するために「宗教は女子、小人の頼るもの」という「宗教」への蔑視や否定的な意味を、初等教育から徹底的に教え込んだからである。その結果「宗教は精神的未熟者、劣ったものの頼るもの」という偏見が文化的に形成されたのである。しかし、日本の伝統文化ひとつとっても、仏教という宗教との関係抜きに語ることができないのは明らかである。日本人が憧れるヨーロッパの美術にしてもキリスト教抜きに考えられないであろう。

ましてや、イスラムにおいては、イスラム教という宗教抜きに、その文明を考えることはできないのである。

この点をハンチントンは「冷戦後の世界では、さまざまな民族のあいだの最も重要なちがいは、イデオロギーや政治、経済ではなくなった。文化がちがうのだ。(中略) 自分たちにとって最も重要な意味をもつものをたよりにする。人びとは先祖や宗教、言語、歴史、価値観、習慣、制度などに関連して自分たちを定義づける。たとえば、部族や人種グループ、宗教的な共同社会、国家、そして最も広いレベルでは文明というように、文化的なグループと一体化するのだ」という。そして、ハンチントンは、この文明を8に分類する。西欧、ラテン・アメリカ、アフリカ、イスラム、中国、ヒンドゥー、東方正教会、日本の各文明である(ハンチントンは仏教文明を主要文明とは考えていないようである)。

彼の結論は「冷戦後の世界は7つあるいは8つの主要文明の世界である。文化の共通点と相違点から、国家の利益や敵対関係あるいは協力関係がかたちづくられる。(中略) 地域紛争のなかでも広範な戦争にエスカレートするおそれが強いのは、文明を異にするグループや国家のあいだの紛争である。政治や経済が発展していくときの主なパターンは、文明によってさまざまである。国際問題の重点は文明のちがいによってかわっている。長期にわたって支配的だった西欧文明から、非西欧文明へと、力は移行しつつある。国際政治は多極化し、かつ多文明化した」ということである。

これがハンチントンの一種の国際社会の未来像、ある意味で予言である。そして、その予言めいた提言は、2015年現在、的を射たものとなっている。

凋落する近代文明と宗教文明という新しい世界観

ハンチントンの思想は、従来文化の一部として、また個人の内面の問題として矮小化されて理解されてきた宗教の存在を、まさに文明形成の根本と位置づけている。

それは近代以降の主流であった政教分離、それを支える世俗主義的な発想を超えて、宗教の復権存在の社会における役割の再評価であり再構築であった。

従来の思考では、宗教は文化の一部と位置づけられ、経済や政治等との関係性については、重視されてこなかった。

その背後には、キリスト教の支配に散々苦しめられた中世ヨーロッパの教訓が、近代西欧型文明形成の大きな原動力になったという西欧社会の特殊事情があった。

そして、この政教分離、あるいは宗教的には聖俗分離の文明形態は、産業革命という強力な生産力に支えられた経済力、さらには軍事力によって世界中に広がった。

しかし、21世紀を迎えた今日、ハンチントンが「西欧が生き残れるかどうかは、自分たちの西欧的アイデンティティを再確認しているアメリカ人や西欧人が、自分たちの文明は特異であり、普遍的なものではないということを認め、非西欧社会からの挑戦にそなえ、結束して、みずからの文明の再建をして維持していけるかどうかにかかっている」といっているのは、いささか悲観的過ぎるにしても、正しい認識であろう。

この点のみを強調すると、西欧文明の自閉的な、利己的な主張のように思われる。しかしハンチントンは、各文明、特に従来絶対的な力をもって普遍主義を唱えていた西欧発の近代文明の限界を謙虚に意識することで、他の存在も自らと同等に認識しようといっている。少なくとも自らを普遍的であるというような思い上がりは控えて、他の文明と協調していくことが必要だと説いているのである。

そしてその真意はどこにあるのかというと「異文明間の世界戦争を避けられるかどうかは、世界の指導者が世界政治の多文明性を理解し、力をあわせてそれを維持しようと努力するかどうかにかかっている」と断言している点は、傾聴に値する指摘なのである。

欧米における政治学のリーダーの1人であり、米国の国家戦略を担当する人であったはずのハンチントンの次の言葉は、現在世界で起こっている「国際政治を動かす原理の多極化」という現象を見事に言い表しているが、その発言はあまりに率直で、産業革命以来世界をリードしてきた文明を支えてきた当事者の発言としては、驚くべきものであった。

おそらく現在の欧米、あるいは西欧文明の優位性というか、世界の西欧化を当然の方向性と考えている人々には、これは筆者も含めてであるが、驚くべき提言ではないだろうか。以下少々長くなるが、引用しよう。

「二十世紀の政治的イデオロギーの主なものには、自由主義、社会主義、無政府主義、協調組合主義、マルクス主義、共産主義、社会民主主義、保守主義、ナショナリズム、ファシズム、キリスト教民主主義がある。これらはすべて1つの共通点をもっている。いずれも西欧文明の産物だということである。(中略) だが、主要な宗教のうち、西欧で生まれたものは1つもない。世界の主な宗教はみな非西欧文明の産物であり、ほとんどの宗教が西欧文明の誕生よりも先に生まれている。世界が西欧一辺倒の時期から脱出するにつれ、後期の西欧文明の特徴だったイデオロギーは力を失い、そのかわりに宗教をはじめとする文化的な基盤をもつアイデンティティや責任感が幅をきかせるようになる。宗教と国際政治を切り離したウエストファリア条約体制は西欧文明に特有の現象であるが、この体制も終わろうとしており、エドワード・モーティマーが言うように、宗教が『ますます国際問題にわり込んできそう』な気配である」

この言葉の現実味は、現在のＩＳ（イスラム国）の台頭のみならず、東アジアにおける中国の強大化、インドの目覚めなど、世界各地で認められる。

もっとも、近代西欧型文明の「凋落」を真っ先に指摘したのは、文明論者のシュペングラーの『西洋の没落』であり、さらには偉大な文明学者アーノルド・トインビーであった。トインビーに関してハンチントンは「トインビーは西欧の『自己中心的な錯覚』にあらわれる『偏狭さと無礼さ』とを厳しく批判した。（中略）トインビーの批判から五〇年して、ブローデルも同様に、われわれは努力してより広い視野を身につけ、『世界の文化の偉大な衝突や文明の多様性』を理解すべきだと説いた。しかし、これらの学者が戒めた錯覚や偏見はいまだに生き長らえ、二十世紀末にいたって西欧のヨーロッパ文明はいまや世界のなかの普遍的な文明だという偏狭なうぬぼれとなってはびこっている」と言及する。

この提言は、本論が公表された時代つまり、１９９０年代には、あまりにも衝撃的であり、多くの人々から非難囂囂であったと記憶している（ハンチントンも日本語版の冒頭で書いている）。

あれから20年近くたった今日、彼の提言に耳を貸すこと、少なくとも再検討の価値があることには、多くの人々も同意するのではないだろうか。

それは、決して西欧文明の価値を損なうものではなく、西欧文明の一段の飛躍のために不可欠な、反省と修正のための作業となるのではないだろうか。その時、西欧文明は真の人類文明にランクアップすることになるであろう。

そのような希望的な観測はともあれ、この西欧文明というよりも、欧米文明を当然視し自己同一視しているのが、現在の日本社会であるということも我々は知らなければならない。

それにしても、現代社会は、新しい世界の枠組みの形成に向かって大きく動き出したのである。19世紀から形成されてきた既存の世界秩序が音を立てて崩れつつある今、我々は次なる世界がどのような形で形成されるかを知らねばならない。

そしてその答えの1つが、宗教文明という考えであると筆者は考えている。

第2章

アメリカ、インド、アフガン……各地のイスラム化

——寛容なるイスラム精神の可能性

▼改宗や新たな宗教は差別に苦しむ人々とリンクする
▼異教徒への寛容と非寛容は等価の選択肢である
▼インドで展開された寛容なるイスラム精神に学ぶ

イスラムの拡大状況

西ヨーロッパ地域、つまりローマ・カトリック優勢地域が、近代の扉を開けて以来400年ほどが、キリスト教拡大の時代であったとすれば、今後はイスラム教の拡大が再び世界を大きく変えてゆく時代に突入したのかもしれない。

いわば西暦（これはキリスト教暦と呼ぶべきである）2000年期は、再びイスラムの拡大期が始まったということもできる。

つまり、ムハンマドのイスラム立教から続いた第1次イスラム拡大の時代では、瞬く間に東はトルキスタンから西はスペインまでをイスラムの支配下に置いた。その間、ゾロアスター教を国教とするペルシア帝国を崩壊させ、キリスト教が優勢であったエジプトを支配し、スペインまでもイスラムの領土に組み込んだのである。

その爆発的な拡大は当時の非イスラム教徒をまさに震え上がらせた。彼らは「イスラムを異教徒の土地に広めよ」というムハンマドの言葉を支えとした宗教的情熱と「略奪品は神の認めた正当な分け前」というイスラムの理論を基とする経済的野心から、異教徒の地を略奪支配することを神の使命と自覚して、激しい戦闘を戦い抜いた。

その結果が、イスラムの大征服と呼ばれる時代となった。ただしイスラムの支配は「改宗か、死か」ではなく「改宗か、貢税か、さもなくば死（戦争）」という選択であった。むしろ「改宗か、死か」はキリスト教の場合が多かった。

このイスラムの第1次拡大期はオスマン・トルコの衰退をもって実質的に終焉する。その後、キリスト教徒が、アメリカ、アフリカ、オーストラリア、そしてアジアへとまさに破竹の勢いで進攻し、既存の文化・文明を蹂躙し世界地図を大きく塗り替えた。

これらはどちらも排他的一神教であり、その進出地では、原住民の信仰は、ほとんど根絶やしにされた。その典型は、南北のアメリカ大陸であり、オーストラリアである。

しかし、21世紀を目前にした1980年代から、近代文明を象徴するようなイデオロギー的対立の構図が壊れた後に、イスラム教徒の世界進出が政治的にも経済的にも顕著に意識されるようになった。イスラム勢力の膨張による非イスラムとの境界線の変動が大きな国際問題となってきたのである。

この点をいち早く指摘したのが前出のハンチントンによる『文明の衝突』であった。ハンチントンは宗教を中心として文明が形成されるという斬新な理論を立て、それらの宗教の境界線（断層線と呼んでいる）上に、多くの紛争が生まれていると指摘している。そして、国際紛争の多くは、イスラム文明の拡大に伴う断層線上にあると指摘する。彼のこの大胆な説は、学者たちにはすこぶる評判が悪い。しかし、過去20年の国際紛争の多くは、イスラム教圏と非イスラム教圏との間に存在することは確かである。

だからといってそれが即座にイスラムの暴力性を表すわけではない。しかし、過去40年近く続いた西欧中心の枠組みが、イスラムの膨張によって大きく揺らごうとしている今日、イスラムを中心に紛争や混乱が起こっているように見えることは事実である。

アメリカ社会に定着するイスラム教

昨今のアメリカはつくづく不思議な国である。

かつてジョン・F・ケネディ元大統領がその信仰がカトリックに属しているという理由で、一部のプロテスタント保守派の教会から大統領就任を反対され、特定の宗派に肩入れしないという誓約書を書かされたというエピソードが伝わっている。

しかし、現在のオバマ大統領は、バラク・フセイン・オバマという名が示すごとく、また父親がアフリカ系のイスラム教徒であることからも、イスラム法を素直に当てはめれば、イスラム教徒でなければならないこととなる。

しかし、実際には大統領自身は熱心なキリスト教の信仰をもつクリスチャンと自覚しており、アメリカ社会も彼をクリスチャンとして受け入れている。このことは大変不思議なことである。実は、オバマ大統領の存在には、イスラム教の寛容さと、プロテスタント信仰の理想を建国の精神とするアメリカの懐の深さが、まさに結実しているのである。

とかく、原理主義、急進派の凶行ばかりが注目されるイスラム教であるが、実は非常に寛容な面も少なくない。そして、徹底した個人主義に支えられた信教の自由の精神との融合が、イスラム教徒の父をもちながら、プロテスタント系合同教会派の熱心な信徒として、アメリカ合衆国の大統領に就任させたのである。

政治面でのアメリカは、経済力と軍事力を背景に、自国の利益に強引なまでの手段を講じる国家であるが、個々人の信仰心は篤く、他者の信仰にも極めて大らかである。

それゆえに、多くの移民が、それぞれの信仰をもち込み、アメリカ社会は〝世界の宗教のデパート〟とも評されるのである。

筆者は、そのようなアメリカ社会におけるイスラム教徒の存在をテーマに2000年と2003年にシカゴの黒人・イスラム教徒、いわゆるブラック・ムスリム、正確にはブラック・アメリカン・アフリカン・ムスリム社会の現状を調査したことがある。

以降はその体験を基に、アメリカ社会に定着するイスラムについて検討している。また、本章の後半部では、世界各地に拡大するイスラムの現状についても触れていく。

アメリカにおける黒人イスラム教徒の拡大について

２００１年9月11日に起きたあの衝撃的なアメリカ同時多発テロにより、アメリカ国内の雰囲気は随分変化した。筆者は２００１年を境にして、２０００年と２００３年にアメリカのブラック・ムスリムの調査のためにシカゴ周辺のイスラム教関係の施設を訪れた。そして、着実にアメリカ社会に根付くイスラム教、それも移民ではなくアメリカを支えてきたアフリカ系アメリカ人の子孫たちの改宗によるイスラム人口の増加、〝地生え宗教〟となりつつあるアメリカのイスラムの現況を目のあたりにした。まずその時の印象から始めよう。

調査時当時（※２０００年）、出発前の情報では、シカゴは危険な都市ということであった。しかもコンタクトを取るのが黒人で、しかもイスラム教徒ということで、かつてのマフィアのイメージに加えイスラム原理主義のイメージが重なり、その事前の印象はあまりよいものではなかった。

しかし、実際に行ってみると随分と事情は異なっていた。

特に、街の中心地周辺は、折からの好景気を反映してか活気に満ちており、また街並みにも細やかな配慮がなされており、日本の繁華街のようなタバコのポイ捨てや、ごみの投げ捨てなども見られず、また美しい花が街じゅうに溢れ、まことに美しかった。

さらに驚いたのは、そのような美しい街の様子だけではない。シカゴの街を歩いて一番目を引くことは、その宗教施設の多さである。摩天楼のただ中にうずくまるように佇む古めかしい教会もあれば、自らも摩天楼と化した教会もある。しかもその数が異常に多い。もちろん建物の数の多さだけではなく日曜礼拝の時には、どの教会もめかし込んだ人々で満杯となる。私もいくつかの教会のミサを覗いてみたがどの教会も満杯で、その熱気と敬虔な雰囲気とに圧倒された。

さすがに「神の存在を信じる」と90％以上の人が答えるアメリカだけのことはあると痛感した。宗教の自由をめざして建国されたアメリカの精神は健在であるということであろうか。

経済中心の資本主義の国家というアメリカのイメージとは異なった姿があった。ヨーロッパの宗教弾圧から逃れ、ここに「神の国アメリカ」を建設しようとした人々の姿がそこには感じられた。したがって、街中の教会には、白人が多い。

一方、街にはキリスト教徒以外の存在も決して少なくないことに気づく。特にユダヤ教徒やアラブ系のイスラム教徒の存在は、その風貌から明瞭である。それに加えて、ヒスパニックの数も少なくない。

敬虔な雰囲気が漂うシカゴの街並みは、南部地域に行くと一変する。黒人居住地区は、北部地区の豊かさから比較してなんとも殺伐とした雰囲気を漂わせていた。さて、この時ホテルの支配人が「なぜ、そんな危ないところに行くんだ」と心配そうに尋ねてきた。筆者が事情を説明すると「ならば、ビルに影ができないうちに帰るように」とアドバイスしてくれた。タクシーの運転士も同様に心配してくれ、帰路につくまで車で待機してくれた。あるいは脅しかとも思ったが、やはり危険なところであった。

モスクは黒人スラムの中に

黒人居住区は、シカゴの中心街であるループ地区から南へ十数キロのところから広がる。近づくにつれて昼間から麻薬をやっているような人々があちこちで目に入った。

この時調査を兼ねて訪ねたのは、ブラック・ムスリムの中でも最も活発な活動を続けるネーション・オブ・イスラムの活動拠点であるモスク・マルヤム（Mosque Maryam）と、彼らの機関紙である『ファイナルコール（The Final Call）』関連の事務所であった。

モスク・マルヤムは、元ギリシャ正教会の教会をネーション・オブ・イスラムの実質的な創設者であるエリジャ・ムハマド（1897〜1975年）が、1972年に購入した。さらに現在の同団体総裁であるルイス・ファラカンが1988年に同建物を再購入しネーション・オブ・イスラムの活動拠点としたものである。また、敷地内に併設された「ムハマド・ユニヴァーシティ・オブ・イスラム」において、少年少女の教育もあわせて行っていた。そこで筆者は驚いたのであるが、学生たちは周囲の環境にはそぐわないコザッパリした制服姿で、生き生きと勉強していた。とはいえよく見るとボタンが欠けていたりと財政状況はあまりよくないようであった。しかし学生たちの希望に輝く目に、筆者は感動すらした。そこには生きる意欲が溢れていたのである。

インドの新仏教徒にもいえることであるが、旧弊の宿痾《しゅくあ》を脱して新しい理想に生きる改宗者の生き生きとした姿には、常々感動させられる。私が会ったブラック・ムスリムの人人も、目を輝かせて彼らの理想をイスラムによって実現させようと張り切っていた。

この時、ワシントンでは、彼らは大統領選挙と関連付けてワシントンでの「100万家族大行進」と題する集会を10月16日に計画中であった。この運動は1995年の「100

万人大行進」の成功に続くものであり、前述のファラカンのグループが、リーダーシップをとる形で、アメリカの黒人社会に大きな影響力をもっていた。

アメリカの社会と宗教

さて、2000年は、大統領選挙キャンペーンの年にあたり、日ごろ経済や政治といった日常原理の背後に退いているアメリカの真の姿というか、アメリカ社会を根源的なところで規定している宗教性が露《あらわ》になる年にあたる。

しかも、この時はアメリカの大統領戦において、はじめて正統ユダヤ教徒のリーバマンが、民主党の副大統領候補になっていた。

これはアメリカの歴史において大きな転換点を意味するものであろうが、このことがユダヤ教徒同様、アメリカの少数派である黒人たちを大いに刺激していたことも事実である。

特に、黒人イスラム組織の代表を自認するファラカンは、この点を盛んに強調し、ブッシュ、ゴア両陣営に、黒人の権利増進のために、強烈な政治的要求を突きつけていた。

ファラカンの運動は、黒人でしかもムスリムという二重の意味でアメリカ社会のマイノリティーの立場を、最大限に活用しようとしているが、彼らブラック・ムスリムの存在が大きくなればなるほど、また彼らへの風当たりも強くなる。アメリカにおける社会の不安材料になりかねないと考えられているからだ。

いずれにしても、アメリカのムスリム協会の発表では、アメリカにいるイスラム教徒の人口は、2000年現在アメリカの総人口の2・6％、670万人強である。これが2025年には、1500万人になると予想されている。

このイスラム教徒のうち約42％が黒人信者である。このアメリカの黒人によるイスラム教への改宗は、今後さらに加速すると予想される。そうなれば、アメリカ社会においてイスラム教は、「地生え宗教」として大きな存在感を示すこととなる。

もちろん、アメリカの黒人は、キリスト教徒が圧倒的な多数である。しかし、マルコムX（1925～1965年）がいうように、白人たちがキリスト教の名のもとに、黒人を奴隷として酷使し、さらには非人道的な扱いを300年にわたって続けてきたという現実を考えると、黒人たちが集団でキリスト教と決別する可能性がないとはいえない。

あたかもアンベードカル（1891～1956年）が率いた不可触民のマハールの人々が、ヒンドゥー教を捨て仏教に改宗したように。

しかし、この運動は2001年9月11日の同時多発テロ事件によって一時停滞した。もっともその後は徐々に回復している。

ブラック・ムスリム運動の系譜と思想

次に、地生え化するアメリカのイスラム教を代表するブラック・アメリカン・アフリカン・ムスリム（ブラック・ムスリム）の歴史を簡単に見てみよう。

ブラック・ムスリム運動の発端はマーカス・ガーベイ（1887～1940年）が1910年代にUNIA（Universal Negro Improvement and Conservation Association）を設立し、黒人の権利の覚醒に乗り出したことにあるとされる。

彼はイスラム教徒に改宗はしなかったが、黒人のアメリカからの分離独立、あるいはアフリカへの帰還というブラック・ナショナリズムの主張が、ブラック・ムスリム運動に引き継がれていったという意味で重要である。

さて、イスラム教徒で最初のブラック・ナショナリストとされるのが、ノーブル・D・アリ（1886～1929年）であった。アリは、サーカスの手品師として世界をまわるうちに東洋の宗教に魅せられた。その中でも特にイスラム教に強く惹かれ、1913年には早くもモーリッシュ・サイエンス・テンプル（Moorish Science Temple in America）をニュージャージーのニューアークに設立したとされる。そこを拠点に『コーラン』などを出版した。この運動は急速に大きくなり1920年代にはデトロイト、ピッツバーグ、フィラデルフィア、ニューヨーク、シカゴなどに支部ができた。

彼は、自らを含めて黒人はムーア人の子孫であると主張した。それはムーア人が中心となりイベリア半島（それは白人とキリスト教徒の象徴であるが）を支配したという歴史的な事実に自らの存在を投影させ、黒人の権利の復興を目指した運動へと発展させた。

その運動が「ガーベイの黒人の権利復興運動」と結びつき、さらに彼が暗殺された後に、今日のネーション・オブ・イスラムの運動に直結するエリジャ・ムハマド、さらにマルコムX、そして現代のルイス・ファラカンへと続く。

ブラック・ムスリムの思想は、彼らの奴隷としての歴史を反映して極めて過激である。特に、彼らを彼らの意思に反して、アフリカからアメリカに拉致し、過酷な条件下で奴隷として酷使したと、彼らが認識する白人やその宗教であるキリスト教、あるいはユダヤ教徒に対して敵対的である。彼らはイスラム教に改宗し、その思想をより先鋭化させていった。

エリジャの下で飛躍的にブラック・ムスリム運動の中心組織であるネーション・オブ・イスラムという組織を発展させたマルコムXの主張は、白人を「青い目の悪魔」と呼び、彼らからの分離独立こそ黒人の真の解放につながるというような過激なものであった。

彼は「この国の政治機構がいわゆるニグロを搾取するために使われてきた」というのである。したがってこの国から独立する以外には、黒人の人権をまっとうする方法はないと断言し、だからこそ「自分自身の足で立ち自分のために立ちあがらねばならない」とし、そのために「ノンバイオレント（非暴力）を捨てることも辞さない」とする。黒人の政治的、社会的、精神的自由を獲得するためには「いかなる手段をも辞さない」という主張である。現今のイスラム過激派の主張を連想させる言説で、彼の怒りが伝わってくる。

このようなマルコムXの主張は、現実的には圧倒的な力を保持する白人社会にとってほとんど脅威にならないものであったが、多くの賛同者を得たこともまた事実である。その中にはプロボクサーのムハメド・アリも含まれる。

もっとも彼の恨みと憎しみと怒りに溢れた主張は、白人社会の反感を買い、その志半ばでの暗殺されるという結末を迎えた。

以後、ファラカンに率いられた同運動は、その主張を多少緩和しているが、その発想は基本的に復讐法であり、イスラム教は彼らの憤怒の正当化に用いられている。ただし、彼の主張に対しては、批判的な黒人イスラム勢力もいる。

私は彼らとのインタヴューを通じて、その主張にある種の必然性があることを理解しながらも、端々にみなぎる憎悪や敵意にいいようのない悲しみを覚えた。

そのような折にホテルに帰ってテレビをつけたところ、2000年8月27日に開催された国連の「ミレニアム世界平和サミット」の中継をしており、仏教僧の代表の「いかなる意味でも暴力は是認されるものではない。人間は憎しみや敵意によっては、幸福になれない。憎しみの輪廻を絶ち、聖戦などという主張をせず許しあおう」との言葉が心に染みた。

そしてこの時私は、同じように悲惨な歴史をもつインドの不可触民を率いたアンベードカルが、イスラム教ではなく、ほかならぬ仏教を選んだ意義を痛感した次第である。

バーミヤンの磨崖仏の破壊とイスラムの教え

2015年、IS（イスラム国）の支配地域にある博物館で、シュメールの遺品など人類共通の財産である多くの神像などが破壊された。博物館内で粉々に打ち砕かれる神像の映像は衝撃的であった。しかし同様の凶行は、歴史上しばしば行われてきた。

2001年にはアフガニスタンを実質的に支配下においていたイスラム原理主義勢力タリバンが、仏教および仏教芸術の記念碑的な存在であるバーミヤンの磨崖仏を含めたアフガニスタン国内にある彫像のすべて（仏像が主なので以下仏像と略記）を破壊すると発表し、不幸にしてこれを実行に移した。

これに対して、スリランカやタイは主に仏教国の立場から、また欧米や日本は主に仏教美術や文明交流の貴重な遺跡としての価値を重視する観点から、これを強く非難した。また、この事件によってイスラム教への過激なイメージが、一層増幅することを恐れる一部のイスラム諸国もこれに同調し、世界の関心がアフガニスタンに注がれた。

いったいアフガニスタンで何が起きたのか、タリバンの意図は何か、そしてなぜ仏像破壊なのか、次に検討してみよう。そこにはＩＳ（イスラム国）の凶行に通じるものがあるはずである。

このタリバン勢力による「仏像を含めた聖像（よく〝偶像〟と表現されるが、この言葉には軽蔑の意味があるので一般には用いない）破壊」のごとき事件は、筆者のように主にインドの宗教思想史、特に8世紀以降のインドを研究しているものにとっては、さほど驚くにはあたらない事件である。

もちろん、筆者はタリバンの行いを肯定しているのではない。しかしこのようなショッキングな事件が起こると、いたずらに感情的になり過剰反応しがちで、かえってことの本質を見失う危険を冒しやすい。そこで、様々な視点からこの問題を分析したい。

特に、その宗教的な背景に加え、タリバンをその時期に仏像破壊に駆らせた社会的背景の分析は、今後のイスラム圏における仏教など、非イスラム教の遺跡保護という視点からも不可欠であろう。

さて、仏像の破壊と聞くと心が痛むが、このような他宗教の宗教施設や、その象徴的なものである神像などへの破壊行為は、決してイスラム教だけのものではないことをまず認識しておく必要がある。

歴史を紐解けば、他教の宗教施設や神像などの破壊行為は、世界各地にその例を見出すことができる。特に、古代のセム族の宗教においては顕著であった。

そして、同様なことは、わが国においても引き起こされた。いわゆる廃仏毀釈《はいぶつきしゃく》運動である。このときの仏教文化の破壊はすさまじく、奈良の興福寺のような名刹《めいさつ》も荒廃にまかされ、五重塔などは危うく古物商によって焼き払われるところであった。この時の仏教界の受けた打撃は今となっては測れないが、多くの貴重な仏教関連の事物が灰燼《かいじん》に帰したり、海外に流失したことで、この廃仏棄釈の激しさを推測することは可能である。

もちろんイスラム教徒が、非イスラムの諸宗教の聖像、今回でいえば仏像を破壊するという行為は、前述のいわば突発的な出来事とは趣を異にする要素を多分に含んでいる。

したがって、タリバンやＩＳ（イスラム国）が引き起こした事件も、このイスラム特有のメンタリティの知識なくしては理解できない。

ちなみにあまり注目されることはなかったが、２０１４年6月12日の深夜、浅草の浅草寺境内で、石像・石仏がアラブ系の留学生によって破壊された。彼は国費留学生として都内の有名私立大学の大学院で日本文化について学んでいた学生である。彼は夜な夜な寺院の仏像を壊して歩いていた。

果たして、そこに宗教性があったのかは不明である。おそらく異国での生活でストレスを感じ、一種のノイローゼ状態で蛮行におよんだのであろうが、筆者はこの事件にバーミヤンでの出来事やインド史上での破壊行為と共通する思想背景、文化を感じている。

多神教崇拝は、カーフィル（最悪の罪）である

イスラム教徒にとって最大の罪は、イスラム教を信じないことである。

これは、つまり他の神を信じることである。そういった不信心者を指して一般にカーフィル（最悪の罪）と呼ぶ。しかも、イスラム教の開祖ムハンマドの時代は、カーフィルが神像を造り、これを崇拝（シィルク）していたために、彼らと敵対したムハンマドは、多神教徒とその象徴である神像を大変忌避し、これを破壊した。

ムハンマドのスンナ（聖伝）では、６３０年にメッカを開城した彼は、カーバ神殿に祭られていた諸神像を「呪われろ」といいながら打ち壊したとされる。

以来、多神教徒と神像崇拝者は、ほとんど同義語としてイスラム教において宗教上大きな罪を犯している者と見なされ、討伐の対象となる。

もっともムハンマドがこのような考えに至ったのは、『旧約聖書』に象徴される神像崇拝をタブーとするセム族の宗教特有の排他的唯一絶対神の宗教観の影響だともいわれる。

このような伝統の上に、ムハンマドの前述のような行動や『コーラン』に定められている多神（神像）崇拝の禁止が重なって、イスラム教徒にとって聖像（彼らにとって偶像）は、罪の象徴という位置づけがなされている。これがイスラム教の基本である。

ありのままを許すイスラム的寛容

しかし、その一方でイスラム教にはイスラム的寛容ともいうべき、許しの思想がある。それはあたかも雪（原語は塵だがイメージとしては雪が近い）が、一切の汚れをやさしく覆い尽くすよう、アッラーの慈愛が広く、罪を覆い尽くしてそれを許すという教えである。

この場合、「覆う」ということが特に重要である。つまり、覆われるものはそのままで、たとえばカーフィルは、カーフィルのままでその存在が許されるということになる。

したがって、イスラム教では、異教徒であってもその存在が許されるということになる。その事例は歴史上しばしば見出せる。特にインドのアクバル帝（１５４２～１６０５年）は、ヒンドゥー教徒とさえ友好関係を築いた帝王である。

しかし、このイスラムの寛容には条件がある。それは彼ら異教徒が、イスラム教徒を迫害しない、あるいは敵対しないという場合である。

その意味で、イスラムの寛容は、仏教のような一切衆生の生命の尊重の上に築かれるもので、「仏教徒であるか、ないか」を問題としないような寛容性とも、また近代的な人権思想からくる寛容性とも異なる独自のものである。

以上のように、イスラム教には、異教徒やその信仰に対して2つの異なった教えがあり、そのどちらもイスラム教徒にとっては尊いものとされる。

したがって、すべてのイスラム教徒が、多神教や神像を敵対視するわけではない。また、イスラム原理主義というと欧米のメディアでは、ファナティックで、バイオレンスといった扱いをするが、前述のような寛容主義も原理主義運動の中に存在するということを知っておく必要がある。

ただし、異教徒への寛容と非寛容は、等価の選択肢でありその選択は、宗教的な指導者の解釈に負うところがある。したがって、1つの集団がこの両極に大きく揺れ動くことはめずらしいことではない。

そのような意味で、タリバンが仏像破壊という非寛容の方向に大きく方向を転換したその背景には、それなりの要因があったはずである。つまりアフガニスタンを巡る国際情勢という現実的な要因である。

本書では、当時のアフガニスタンの窮状などについて詳細に触れないが、1979年以降の戦争で同国は真に焦土と化していた。そしてようやくタリバンによる政府ができると国際社会は彼らがイスラム急進派であり、9・11事件の首謀者であるウサマ・ビン・ラディンを匿っていること、欧米諸国に批判的であることなどを理由に、経済封鎖などで締めつけた。彼らは行き詰まり、国際社会への一種の報復としてあの凶行に出たという。現今のＩＳ（イスラム国）に通じるものを感じるのではないだろうか。

イスラム文明の寛容思想

他宗教や文明と対立し、戦うイスラムというイメージは、近年のイスラム復古運動を見ると、一つの傾向としてイスラムの純粋性をことさらに追求する集団が少なくなく、キリスト教のピューリタニズムのようなイスラム純粋主義的な思潮が、イスラムの正統あるいは理想形態として志向されているようである。

しかし、イスラムの歴史からすれば、むしろこのようなイスラム純粋主義以上に、イスラムを中心とする融合思想が、思想のみならず、文化的にも、そして社会的にも繰り広げられた時代が長かったのではないだろうか。

少なくとも「パックス・イスラミカ」と呼ばれ、紀元後8世紀から16あるいは17世紀まで、文明的にも世界を席巻していたイスラム文明は、イスラムの純粋性の追求から生まれたのではなく、むしろイスラムの寛容性から形成されたということができよう。

つまり、東は中国からインド、西はエジプトそしてペルシアやギリシャ・ローマの高度な文明をイスラムという1つの土壌において融合、再構築したものがいわゆるイスラム文明であったはずである。

とすれば、教条主義的なイスラム主義、つまりイスラム至上主義以外にも、異質なるものの共存やその融合を可能にさせたイスラムの思想的な可能性が存在したはずである。

そして、むしろこの点に着目するならば、イスラムの歴史は諸文明の融合、創造に積極的な役割を果たした寛容の宗教の歴史と見ることも可能となり、彼らとの共存共栄、少なくとも対話の可能性は十分存在する。その意味で、現在あまり強調されていないイスラムの融合思想とその具体例について、インドの事例を検討しよう。

以下において、インドにおける諸宗教融合を思想のみならず、文化的、さらには政治的にも実行し、ヒンドゥー・イスラム融合文明、つまりイスラム教において最も忌避される多神教で、神像崇拝教徒との共生の可能性を現実のものとした君主アクバル帝および、その孫であり、彼の思想を一層深めたダーラー・シュコー（1615～1659年）の思想について、比較文明の立場から検討したい。

しかし、その前に、彼らの思想を理解するために、彼らが強い影響を受けたインドの異質なるものの融合に関する思想について簡単に検討しよう。

インドにおける寛容の伝統

周知のように、インド（ヒンドゥー教系）の思想は異質なるものの共存を前提として形成されている思想である。いわゆる「梵我一如《ぼんがいちにょ》」の思想がこれを端的に表している。

これをヒンドゥー系の思想では、現実世界は多様なる原理や様相によって形成されているように見えるが、それらは存在における仮の姿、つまり真実の姿ではなく真の存在の展開とみるのである。

つまり、真実は1つであるが、その現実世界への展開は、無数にあるということである。この思想は早くも紀元前1000年を中心に編纂《へんさん》されたとされるヒンドゥー教の聖典『ヴェーダ』の内にその萌芽があるとされるが、その本格的な思想形成は、紀元前5世紀からその前後数世紀に展開されたウパニシャッド時代でなされたのである。

以来、インドに展開された思想は、押しなべてこの思想を基盤としている。それは『ヴェーダ』の権威を否定した仏教においてすら例外ではなかった。

というよりヒンドゥー系の思想の限界であると『ヴェーダ』の神聖化さえも否定した仏教において、「梵我一如」の思想は一層深められ、さらに普遍性を付与されたといえる。

つまり、『ヴェーダ』の神聖化を前提とするいわゆるヒンドゥー教の思想は、高度な抽象的、一元的な原理を真理の本質とするも、『ヴェーダ』の権威を認める以上、その抽象原理と『ヴェーダ』の神聖化との間に無視できない矛盾が存在することとなる。

この矛盾を乗り越えるべく展開されたのが、いわゆるウパニシャッドの思想である。この思想は、現象世界をアートマン（個我：我）の集合体と考え、一方宇宙の最高原理であり、一元的な原理であるブラフマン（普遍我：梵）との一致（梵我一如）を説いた。

ここに、多様なる現象世界と普遍的な絶対世界との究極的な一致（同一性）の思想が成立した。しかし、ウパニシャッドではこれを論理的、体系的に説明していないとされる。そしてこれが可能となったのはヴェーダンタ哲学の大成者の1人であるシャンカラ（紀元後700〜750年頃）の不二一元論《ふにいちげんろん》の体系によってである。

しかし、仏教では早くも、ゴータマ・ブッダ（紀元前463〜同383年頃）によって、この問題は克服された。さらにブッダの思想を受け継ぎ、発展させた仏教では、特定の思想やその解釈の絶対化を一切認めず現象世界におけるすべての存在の相対性、つまり無我や空を主張した。このために仏教は、どんな思想・宗教とも争うことなく、それでいて既存の宗教と共存する形で世界に伝播し、各地で大きな仏教文明の花を咲かせた。

これを表現すれば「仏教は郷に入っては郷に従い、かつ郷を生かし我も生きる」ということになろう。これが仏教の寛容思想である。

最初期のイスラムにおける寛容

イスラム教は、このような寛容思想という伝統のあるインドへどのように入ったのか、次に検討したい。

イスラムのインド侵攻と定着を考える時、まず検討しなければならないのは、インドへのイスラムの初伝の状況である。史料によれば、イスラムの初伝は西暦711年のムハマド・カーシム（693〜716年）の西インド征服戦争に始まる。

もちろん、それ以前にも636年（イスラム暦15年）頃以降数回の征服戦争が試みられたが、ことごとく失敗に帰した前史がある。いずれにしても、インドへのイスラムの初伝が、征服軍によってなされたということは、イスラム教という宗教の性質をある面で象徴していることは事実である。しかし、この時の征服戦争は、比較的寛容な部分もあり、後代のトルコ系ムスリムの過酷な侵略戦争とは一線を画するものである。

例えば、カーセム軍に抵抗しなかったニールン（今のパキスタンのハイデラバードにあたる）では、「この町の長であるバンダルカル・サーマニーを重視し、あなた方を完全に信用している。私は、少しもあなた方への親切と保護を惜しむものではない」。さらに「（ニールン征服後、カーセムは）この町がムスリムの国土になり、要塞が没収された後、彼らの福利を護り、彼等を楽しませるように努めた。そして、農民も手工業者も商人も平和に暮らせるようにし、土地が耕され、繁栄するように努力した」というのである。その政策を生み出した精神は、カーシムの義理の父親であり叔父であったシリア総督ハジャージ（661～714年）の次のような言葉によって明らかとなる。

つまり「ブラフマナーバードの尊敬される人の願いである彼らのブッダの寺院の修復と彼らの宗教を保障しなさい。（もちろん、この条件として、彼らがイスラム勢力に服従すること、カリフに対して税金を払うことをあげている。その上で）我々には彼らの財産を奪うことはできない。なぜならジンミーになったものたちの、財産を奪う権利はないからである。そして彼らは、彼らの信仰を禁止されたり、迫害されたりしてはならないし、彼らの生命は脅かされてはならない」と考えられていたのである。

仮にイスラムへの服従や税金の支払いが強制されていたとはいえ、その生命や財産という基本的な権利を保障していたという点は、注目に値しよう。

このイスラム的寛容の精神は、中世インドのイスラム教徒、特にスーフィーたちによって継承され、アクバルやダーラーの融和思想、さらに寛容の政治に結晶していくのである。

インド・スーフィーの融合思想

「神人合一《しんじんごういつ》」を説くスーフィズムの存在は、一神教的な教条主義的傾向を緩和し、他宗教との共存を教義的にも可能とし、他宗教地域へのイスラムの伝播に大きな貢献をしたことでも知られている。特に、インドへのイスラムの伝播と定着には、スーフィーの存在が大きかったことは、よく知られた事実である。

スペースが限られているので、インド・スーフィー思想について詳細な検討をすることは避けるが、インド・スーフィーの思想傾向を決定付けた思想家とされるファリドゥッディーン（1176~1265年）の思想について簡単に紹介し、アクバルやダーラーの思想理解の補助としたい。

ファリドは、インド・スーフィーの二大潮流の1つであるチィシュティー派に属する神秘主義者である。彼はアフガンからの移住者の子としてインドで生まれ、インド的な環境をもって、その思想形成を行った最初期の世代である。したがって、彼の思想にはイスラム的であると同時にヴェーダンタ的な思想が見出せる。

ファリドゥッディーンは、シク教の聖典『グラント・サーヒブ』の中で「神への愛を持つものが、真の人間である。真心が少なく、口先ばかりのものは、神によってその罪が記録される。（神への愛によって）神の愛を頂く者は、光を得、神をないがしろにするものは、地上において重荷を負う」とこの点を表現している。

そして「正しいことをいい、正しいことを行いなさい。人は永遠の命を持つことはできないのだから（人は必ず死後に神の審判を受けねばならない）。その時には、6ヵ月かかってできた身体も、一瞬にして無となる。（中略）あるものは荼毘《だび》に付され（ヒンドゥー教徒のこと）、あるものは墓の中に行く（イスラム教徒のこと）。しかし、彼らの魂は生前の行いによって裁きを受ける」として、ヒンドゥー・イスラムの形態的な差異を超えて、本質的な一致を前提とする思想を展開する。

この一文からは、神への絶対的帰依、あるいは神人合一への希求の前には、宗教の差異は問題にならないというインド的にいえばヴェーダンタ思想、イスラム的にいえばスーフィズムの思想が展開されている。この思想は、多数のインド・イスラムに受け入れられ、1つの伝統となっている。

この伝統を継ぐものが、15～16世紀に活躍したカビール（1425～1492年頃）とヒンドゥー・イスラム融合思想を展開し、新しい宗教としてシク教を興したナーナク（1469〜1538年頃）などである。

カビールもナーナクも共にインド中世における神秘主義思想家の代表的な存在であり、同時に彼らは民衆思想家として教義にとらわれない、自由な思想を展開した。

そして、その発展形がムガル皇帝アクバル（1542〜1605年）である。

アクバルの融合思想

カビールやナーナクから遅れること数十年、ムガル王朝第3代の皇帝アクバルは、独自のヒンドゥー・イスラム融合思想を展開し、またそれを現実の世界、つまり政治・社会政策として実行した。

ここでも、この点に関して詳しい検討は避けるが、アクバルとダーラーの思想を簡単に紹介する。既述のように、インドには宗教的差異を超える神秘主義思想の伝統が、その底流に存在し、その伝統はイスラム教徒の世界においても、無理なく受け入れられた。

そして、自らもスーフィーとして宗教的な体験をもっていたアクバル帝は、その宗教思潮を積極的に宗教的にも、また政治的、文化的にも展開した。その結果、ヒンドゥー・イスラム融合文明といえるような諸宗教・文化融合がアクバルからダーラーまでの約100年間続き、インド・イスラム世界にイスラム文明を中心として、ヒンドゥー・キリスト・ユダヤ・パールシー（イラン）の文化を融合する宮廷文化が花開いた。

特に、アクバル帝は1580年頃イスラム至上主義者への反省を込めて、諸宗教融合を旗印としたディーニ＝イラーヒー（神聖宗教）を始めた。これは1575年以来続いていた信仰の家における諸宗教の対論を通じてのアクバル帝がたどりついた結論であった。

この「信仰の家」は、『アクバルナーマ』の中で「この神聖なる場所は、霊性の構築のために供され、この地に神聖なる智の柱が高々と出現した」と表現された。この厳かな集まりには、スーフィーとしてのアクバル帝を中心に、彼の寛容さと神の影を明らめる帝の寛容さによって、スーフィー、哲学者、法学者、法律家、スンニ、シーア、（ヒンドゥーの）バラモン、ジャイナ教徒、チャールバーカ、キリスト教、ユダヤ教、サービー、ゾロアスター教徒などが、一堂に会して議論を行ったという。

このアクバル帝の諸宗教の融合については、さまざまな批判もなされている。

しかし、彼の融合思想が単なる思いつきや政治的なテクニックによって導き出されたものでないことは、その思想を受け継いだ孫のダーラーの思想活動からもうかがい知れる。

ダーラーの融合思想

ダーラーの思想については、日本ではアクバル帝のそれ以上に知られるところが少ないが、彼の業績は偉大であり、比較文明学からの研究が本格的になされるべきである。

例えば、彼がサンスクリット語からペルシア語に翻訳させたウパニシャッド文献、これは一般に「ウプネカット」と呼ばれ、後にラテン語訳されてヨーロッパの知識人に大きな影響を与えたことは、よく知られている。

こうしたヒンドゥー教における諸聖典の翻訳事業によって、彼はスーフィーとして自らも神秘主義思想を極め、またヒンドゥー教の聖者バーバー・ラールの感化を受けてある意味でバクタとしての立場から、ヒンドゥー・イスラム両教の融合を思想的に試みたのが、彼の代表作である『二つの海の交わるところ』である。

ダーラー自身が書いた本書の前文には、この経緯を「彼（ダーラー）は真実の中の真実を覚り、スーフィーの真の宗旨（教えの根本）の素晴らしさに目覚め、偉大なる深遠なるスーフィーの叡智を悟った後には、彼（ダーラー）はインドの（存在の）一元論者たちの教義を知ることを強く願った。彼（ダーラー）は学者たちと交流し、インドの宗教における神の聖性について議論を繰り返した。彼らインドの学者は、宗教的な訓練と知性と洞察において最高に完成された境地に到達したものたちである。そして、彼（ダーラー）は、彼ら（インドの宗教者）が探し求め、獲得した真実について、言葉以外には、その違いを見出すことができなかった。その結果、2つの宗教（集団）の考えを集め、諸テーマを集め、真実を求める人に基本的で、有益な知識を供給する一冊子とし、これを名づけて『二つの海の交わるところ』とした」と記述している。

この書物は、いわゆる「存在の一元性論」に立つスーフィー思想と同じく「一元的存在論」を展開するヴェーダンタ思想に共通性を見出し、これを基礎として、「この世界が神の顕現《けんげん》であり、人間は神の本質のミクロコスムである」というウパニシャッド的な世界観に強い共感を示すのである。

その上、彼らは調息や聖音などの思念を説き、生前解脱さえ認めるのである。

これらのことを通じてダーラーは、イスラム教とヒンドゥー教との共存が、社会的、文化的はおろか宗教的にも可能であるという考えに至るのである。

これは、イスラムの寛容性を最大限に引き出したインド・スーフィーの知的営みの極致ということができよう。

そしてさらに、このような寛容の精神をイスラム神学においても築き上げることが可能であることを示す優れた歴史的な事実である。

このように、ダーラーはイスラム教徒でありながら、ヒンドゥー教への深い共感と理解を、自らの神秘体験をもとに、スーフィーの立場から確立していった。イスラムの精神や信仰を捨てずとも、教条的なイスラムから見て多神教であり、偶像崇拝者として忌避されるヒンドゥー教との共存、さらにはその融合も可能であるとダーラーは見なしたのである。

もちろん、ダーラーのこの運動は、ハラージュ（9〜10世紀）以来のスーフィーたちが試みてきたイスラムの寛容性のいわば極致点であった。

しかし、彼のこの方向性は、弟であるアウラガジーブ帝（１６２８〜１６５８年）との帝位継承戦争に敗れたことで、彼の命と共にムガル宮廷から消えうせたのである。

それでもインドにおいて展開された寛容なるイスラムの精神は、決して消えることはなく今日に至っている。そして、名もないスーフィーやアクバル帝、あるいはダーラーが見出した寛容なるイスラムの可能性は、21世紀の人類に大きな歴史的な希望を与えてくれるのではないだろうか。

インドにおいて展開された寛容なるイスラム精神の可能性が、21世紀のイスラム精神となるように、非イスラムの我々も彼らイスラム教徒と共に、努力すべきであろう。

第3章

日本とイスラムの関係

——どうすれば彼らと共存できるのか

▼必然ともいえる宗教の変化を主体的に自覚する
▼過去のイスラムとのもめごとから学べること

世界に拡大するイスラムと日本

筆者は、今世界の各地で進行中のイスラム教の拡大という事実を「日本人が本当の意味で理解するには『伊勢神宮がモスクになる日』というような具体的な現象を想定して考えねばならない」と、学生諸君に教えている。つまり、イスラムの拡大という現象を他人事とせずに、わが身に引き当てて考えるように指導している。

しかし、この言葉を聞くと決まって学生は目を丸くして「この先生気は確かだろうか」とでもいいたげな視線を投げかけてくる。

確かに宗教にうとい上に、将来的なヴィジョンや不測の事態に対する備えという危機管理意識のない日本社会では、筆者の意図は理解できないのであろう。ましてや大学に入ったばかりの学生である。それを理解しろというほうが無理なのかもしれない。

しかし、インド中世（およそ8世紀）以降のインド宗教思想史を研究している筆者にとって「伊勢神宮がモスクになる」ということは、決して絵空事ではない。実際に起こりうる事実として十分予測できることである。もちろん、それは数百年後の話である。ただし、その時代の来る可能性は、歴史的に見て大きいであろう。

イスラム拡大図

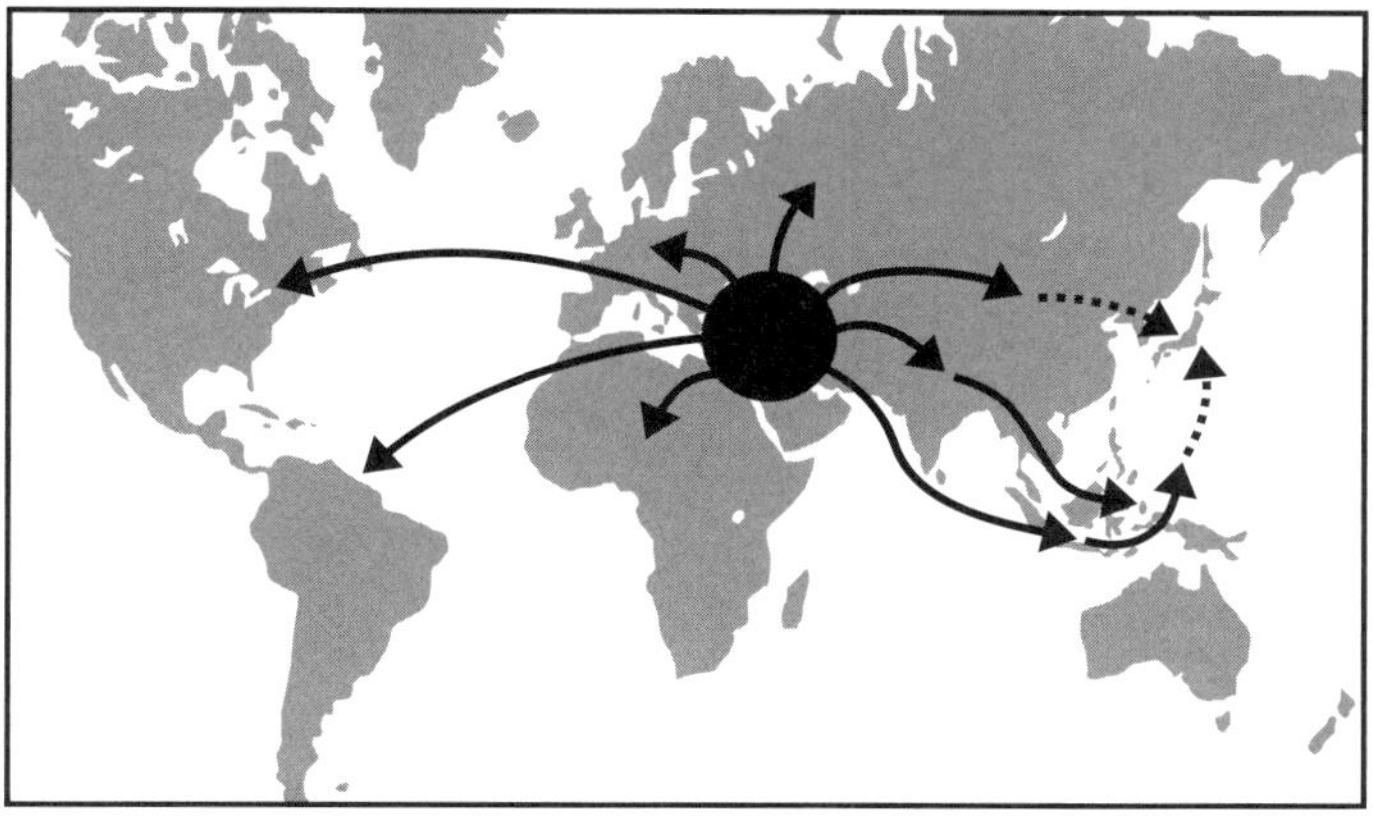

それはインド亜大陸の歴史を参考に考えれば明らかである。インドのイスラム化という現象は、711年の本格的な軍事侵攻以来、和戦両面から移民とインド人の改宗、それらの結果としてのイスラム人口の自然増加によってなされてきた。

その中には、ガズナ朝のマフムード（971～1030年）やチムール（1336～1405年）のごとき殺戮と破壊を神の名、つまり正義の行為として大規模に行い、長くヒンドゥー教徒の恨みを買った侵略者も少なくない。

というのも「イスラム教の布教」と「インドの富への欲望」が入り混じった彼らの侵略行為の激しさ、無慈悲さは歴史書の教えるところである。もちろん、イスラム教のインド伝播と定着は、このような軍事的侵略によってのみ行われたわけではない。特に、平時においては名もない一般庶民レベルのイスラム教徒による熱心な布教が、インドの民衆の心を捉え、インドにおけるイスラム教拡大の最大の要因になったことは歴史的事実である。

いずれにしても、8世紀初頭の1万2000人ほどのアラブ系イスラム教徒のインド定着に始まるインド・イスラムの人口を21世紀の今日において3億数千万人のイスラム人口に発展させたのである。

イスラム人口増大の意味するもの

次にイスラム人口の増大や勢力の強大化の過程でどのようなことが起きるのか、宗教的な点から、インドの事例を見てみよう。

宗教施設は「異教徒の寺院が、大地の高さになる」まで徹底的に破壊され、その跡地には新たにモスクが建てられることが多かった。そのありさまを現代に伝えるものは多いが、ニューデリー郊外の有名なクトゥブ・ミナールは、その典型であろう。

特に、異民族の侵略者は、インド人を物理的にも精神的にも征服したことや未来永劫支配し続ける意思を象徴する目的でも、彼らの宗教施設の上にモスクを作ることが多かった。

１９９２年12月におきた熱狂的なヒンドゥー原理主義者たちによるアヨーディヤのバーブリーモスク（ムガル朝の創始者バーブルの名がついたモスク）破壊事件の対象となったこのモスクも実は、インドで最も人気のある神の１人ラーマ神の生誕の地にあった寺院を破壊しその上に建てられたものと考えられていた。

このように征服地の宗教施設を破壊し、その上にモスクを建てるということが、インドの場合にしばしば見られた現象である。

特に、インドの土地はユダヤ・キリスト教と異なり『コーラン』によって厳しく糾弾されている偶像（サナム）を拝む多神教徒の地であるために、問題は深刻であった。

現代ではこのようなことはないと信じたいが、先述のタリバンさらにはＩＳ（イスラム国）の事例のような原理主義者の中には、同様な思想を展開する集団もないわけではない。ただし必ずしも既存の宗教を暴力をもって根絶やしにするという意図の下に、このような行為が行われたわけではない。

基本的にイスラム教徒は、「自らの宗教生活が中心となる生活をすること」が第一となっており、敵対しない限り、原則他者には寛容であるからである。

したがって、必ずしもイスラムの支配イコール異教徒の弾圧、ならびにその宗教文化や寺院の破壊になるわけではない。
また、寺院の破壊も暴力によってなされる場合のみならず、イスラム人口の圧倒的な増加によって、かつての信仰が消滅したという場合も多かった。つまり、自然消滅である。

断っておくが、筆者はここでイスラム脅威論やイスラム異質論で扇動して反イスラム思想を展開しようとしているわけではない。なぜならこの現象はイスラム教だけでなく、他の神の信仰を禁止（排他的唯一神教）するキリスト教の場合にもいえることだからである。たとえば、ローマ帝国の末期にキリスト教が国教となると、キリスト教徒たちは、マニ教やミトラス教の寺院を破壊し、その上に教会を建設した。現在、同地域に、これらの宗教がまったく残っていない理由は、当時のキリスト教徒が彼らを徹底的に弾圧したからであろう。事実、ヨーロッパの中世において、これら異教の伝統を引くとされたカタリ派などは女性や子供まで根絶やしにされたのである。

同様な現象は、日本でも見られた。キリスト教が伝来した当時の安土桃山時代、九州の天草・長崎地方では、キリスト教に改宗した人々が、その信仰を試すように神社仏閣の破壊や焼き討ちを自ら進んで行い、一時同地域から仏教や神道が、ほぼ根絶やしにされた時代があった。

要は、既存の宗教を排除するということは、排他的唯一神教の特徴であり、イスラム教だけの性質ではないのである。そのことは、8～16世紀頃までは精霊信仰などのアニミズムを信仰していたヨーロッパ北部の地域にすら、今日それらの宗教の史蹟が残されていないことを見れば明らかである。

それはキリスト教が身も心も異教徒を支配征服した、あるいはそれに人々が服従したことを表している。

これはユダヤ・キリスト・イスラムという排他的唯一神教であるセム的宗教の基本的思考である。したがってここで、この是非について論じることは意味がないのであり、それゆえにイスラム過激派の行為を必要以上に批難することは、本質を見誤ることになりかねない。というのも日本人は、他の文化や宗教に親和的な伝統を当然としており、このような行為に不慣れだからである。

周知のように、仏教は各地に伝播した時、既存の宗教を排除するのではなく、それらと共存する形態をとった。例えば、日本の仏教の伝統であった神仏習合がその典型である。つまり、かつては神宮寺、あるいは寺内社と呼ばれるものが、神社内、あるいは寺院内には必ずといってよいほどあった。

今でもその名残がある。清水寺と地主神社、日光の東照宮と輪王寺という具合である。もちろん明治以降これらは独立の存在となったが、本来は神仏習合であり、両者は一体不二の存在として共存共栄してきた。これは仏教が多元論（多神教ということではないが、機能は類似）的な構造をもつ宗教であるからである。端的にいえば、排他的唯一神教のセム的宗教と仏教や神道のような多元論（多神教）的宗教では、同じ宗教でもその構造、あるいは他者への関わり方は大きく異なるのである。

筆者は、どちらの宗教が優れているかというような議論をするつもりはないが、両者の違いをまず認識して、来るべきイスラムの拡大の時代における日本のあり方を考える必要はあると思っている。

これはいわば文化伝統維持のリスク管理ということである。

ただし、筆者は宗教の変化が長い時代を経て起きることは、歴史の必然だと考えている。大切なことは、それを主体的に自覚するか否かである。そして先々のことを想定しつつ十分な対応を考えることがグローバル時代に必要と考えている。

イスラム拡大の時代をいかに生きるか

日本社会にイスラム教徒が勢力を張った場合に、どのようなことが起こるかを象徴するような事件が2001年に、富山県の旧小杉町で起こった。それはコーランを同町にあるモスクから盗み、それを嫌がらせのためであろうか、パキスタン人の事務所の前の国道にばら撒いたというものである。

本事件は(イスラム教を信仰するものであれば当然であるが)激しい抗議を誘発し、小杉町の警察署や東京の霞が関の外務省前では、数百人のイスラム教徒による激しいデモが繰り広げられた。そのテレビ映像は、日本人に強烈な印象を残したのでご記憶の方も少なくないであろう。もっとも本事件は、20歳代の女性の悪戯ということで、宗教的な背景がなかったために沈静化した。が、しかし、もし何らかの宗教的な背景があったらどうなっていたであろうか。

というのも、この年の3月にはアフガニスタンのバーミヤンの仏像等の破壊があり、貴重な世界遺産が無残に壊されたばかりであったからだ。

同地域が仏教信仰の篤い地域であることを考え、筆者は大いに気を揉んだ。それは、インドにおいて今日でも時々起きるヒンドゥー教徒とイスラム教徒のイザコザと同様な構図を筆者に感じさせたからである。

いずれにしても世界的視野に立って現在進んでいる日本へのイスラム伝播という現象を論じるならば、まさにイスラム拡大の波がムハンマドの立教以来約１４００年を経て、ようやく日本に到達しつつあるという位置づけとなる。

また日本文化の立場からこの現象を位置づければ、地理的、歴史的にはほとんど無縁であったイスラムが、日本社会の構成要素として今後重要な役割を担う、その端緒が開かれたということであろう。

歴史的にこの現象を見ると、そこには異質なるものとの出会いに伴う文化衝突や文化融合、つまり悲惨な紛争と華々しい融合文化の出現が、しばしば繰り広げられてきたのがわかる。

今後いかなる方向に日本社会とイスラムとの関係を発展させるかは、現在の我々の判断に負うところが大きいのであるから、十分考えねばならないのである。

その意味で、いたずらにイスラム教の拡大を恐れたり、また礼賛するという偏った姿勢ではなく、両者を客観的に観察し、その文化へのメリット、デメリットをしっかりと見極めることも必要であろう。

特に、神像崇拝で多神教徒である日本の信仰形態は、一歩間違うと大きな波乱要因となることは、真剣に考えておく必要がある。

イスラム原理主義をもってイスラムのイメージを形成するのは危険

イスラムの人口の拡大については既に触れてきたが、改めてその背景を整理してみると、次のような要因が考えられる。

1つ、自然的な人口増加率の高いこと。さらには一夫多妻制や、宗教倫理上産児制限や妊娠中絶などが認められていないことが考えられる。その背景には、宗教熱心であること、さらに比較的貧困層が多く、子供を有力な労働力と位置づける社会段階にあることも大きな要因といえる。

2つ、イスラムへの改宗や勧誘を多方面から行っていること。イスラムは教理上入信しやすい宗教であるが、再改宗を厳しく禁止する宗教であること。例えば婚姻でも改宗を伴う。

3つ、教えの明快さなど教理上の特性。これ以外に、かつては戦争捕虜の釈放の条件としてのイスラムへの改宗がある。

4つ、布教に和戦を併用すること。この点が現在の紛争の源でもある。

そのほか社会的な要因は複数あるが、おおむねこんなところである。現在国連加盟国約200ヵ国のうち、イスラム教徒が大きな社会的影響力をもつ国は、過半数を占める。

このようにイスラム教の拡大は進んでいる。これに伴って、さまざまな問題が生じつつあるのが現在の状況であることは疑いようがない。

ただし、忘れてはいけないことは、キリスト教も同様に布教活動を行い宗教摩擦を起こしてきた、そして起こしているという事実である。

例えば、韓国ではキリスト教徒による仏教寺院の破壊が、大規模に行われたという。しかし、そのような事件はイスラムの場合と異なり、ほとんどニュースとして取り上げられることがない。

このような西側の報道姿勢の偏向をエドワード・サイードが『イスラム報道』の中で批判したが、我々日本人もこの種の情報操作に注意する必要がある。

特に、暴力的なイスラム教というイメージを増幅させる姿勢は、4章で書いているようにイスラム原理主義に関する報道において顕著である。

まず知っておかねばならないことは、イスラム原理主義の位置づけである。イスラムは政治的にも多様な宗教であり、すべてのイスラム教徒がいわゆる原理主義者ではないということである。多くのイスラム教徒は、温厚篤実で純朴な人々である。彼らは、宗教と政治を別のことと見なして、政府が社会主義であろうが、自由主義であろうが、自分たちの信仰を脅かさない限り頓着しない。ただ、現在イスラム世界で進行しているいわゆるイスラム原理主義勢力は、イスラム法（シャリーア）を基とし、古代イスラム教式の統治の復活を目指すために、近代的な価値観と衝突し、それが社会変動要因となっていることは事実である。

イスラム原理主義の理念や行動は、既存の構造への一種の挑戦と欧米のメディアでは捉えがちになる。したがって、このイスラム原理主義をもってイスラムイメージを形成するのは危険である。というのも、繰り返しになるが、実際には多くのイスラム教徒は自らの生活と信仰を第一にする温厚な人々であるからだ。

日本文化とイスラムとのもめごとの事例

本章のテーマは、日本におけるイスラムとの関係を考えることであるが、その場合幸いにも大規模な紛争や抗争を示すものではなく日常の生活レベルのそれを扱うこととなる。特に、日本でも今後起こりえる身近なものを簡単に紹介する。

それらの問題は、日常生活に直結するがゆえにイスラム教徒にとっては基本レベルのものであり、ダール・アルハルブ（非イスラム法により統治される）地域に属する日本でも予想されるものでもある。

もちろん、そのような身近で一見些細なもめごとであってもその背後に、根源的対立の要因に発展する萌芽となる可能性もあるため、注意が必要である。

いずれにしても今回扱うものは、それぞれ生活に密着していて、それがために無意識下において行動を規定する原理となっているものが主である。

したがって、これらは習慣あるいは善意という形でなされた行為によって引き起こされる種類のもめごとである。

しかも、これらは単独で起こる場合もあれば、複合的に起こる場合もあり、また生活に密着しているがゆえにもめごとに発展する可能性は大きいし、これらの行き違いから大きな事件に発展する可能性をもつ初期段階のもめごとである。

もめごとには身近な生活習慣レベルのものと、より構造的なレベルのものの2種類があると考える。両者は多少もめごとを引き起こす次元が異なると筆者は考える。

構造レベルの事件では、2001年初頭に騒ぎとなった「インドネシア味の素の事件」がある。この場合、インドネシア味の素社がハラル認証基準に反して豚のすい臓から抽出した触媒を用いて「味の素」を製造したことが問題となり、現地法人の社長などが警察に拘留されるなど大きな事件に発展した。

イスラムの食のタブーに一定の理解を示しながらも、今回の事件に関していえばインドネシアの政治闘争に巻き込まれた不幸な出来事というような論調が日本では少なくなかった。しかし、それは日本的な常識での判断であり、イスラム教徒の生活習慣や心情を尊重した分析ではない。

事実、インドネシアの新聞報道などを総合すると、味の素が経済性を重視し、イスラムの食のタブーへの配慮を欠いたことが事態を悪化させ、このような大きな事件となったということが明らかとなる。

これは味の素が不誠実で粗悪品を売りつけたということではない。むしろ味の素側に立てば、よい製品を安く大量に供給するという意味で最善を尽くしていたのである。しかし、そこには日本的な価値観が先行し、相手の価値観への配慮が根本的に欠けていたと避難されても仕方のない行為があった。

つまり、この事件は自らの価値観のみによった善意の行為が、他文化に属する人々の価値観を結果として軽視することとなるという文化摩擦の典型的な例ということができる。

このようなもめごとの場合、当事者は少なくとも悪意がないために、その解決は一層厄介なものを含むこととなる。

いずれにしても『インドネシアタイムズ』の中でインドネシアの主婦が発した「高くてもイスラム教徒として安心して口にできる製品が、よい食べものなのよ。私は家族のために、そういう食品をえらぶわ」という言葉に、この問題の本質は明らかである。

イスラム教徒にとってどれほど食のタブーが重要かは、最近の日本人も理解するようになった。しかし、非イスラム圏の日本人にはその苦労は理解できていないだろう。前述のアメリカのブラック・ムスリムたちなどは、わざわざブ厚い本を買っているほどである。イスラム教徒のための『ハラルとハラム』という「彼らが食べていいものと悪いもの」なる本が出版されているのだ。これにはほとんどすべての食品の製品名が挙げられてハラルかハラムかが明記されている。人々はアイスクリームやサラダのドレッシングに至るまでこの本を頼りに食品を選別するという。

日本においてはこのようなことは個々人の努力に任されているが、最近ではイスラム商人がイスラム教徒相手に店を構えてハラル商品を売るようになってきている。

その意味で、日本在住のムスリムの生活は随分楽になったようである。

葬送関係に見られる問題

文化的なものごとは葬儀、特に埋葬法や場所についても予想される。周知のように葬制は、数ある宗教儀礼の中でも最も重要なものである。そのため、埋葬法も重要なものとされる。その点はイスラムでも同様である。

イスラムは土葬が厳守されるので、日本のように90%以上が火葬を実行している国では、その墓地の確保も含め将来もめごとになるであろう。ちなみに、山梨県などにイスラム教徒専用の墓地が確保されている。

まず、既に発生した埋葬にかかわるもめごとを検討しよう。

現在の日本では火葬はごく普通の感覚であるが、イスラムでは宗教関係の罪人などの例外以外は実行されない。

ところが、不可抗力ではあったが相次いでイスラム教徒を火葬にする事例が発生した。そしてこの件に関して、イラン大使館から強い抗議を受けるということが起こった。

最初は1994年5月1日。山梨県石和市で自殺したイラン人青年を、石和市側が法律に基づいて火葬したところ、イラン大使館から抗議を受けたのである。この場合、市側は

「行旅病人及行旅死亡人取扱法」に則って火葬したのであるが、イラン大使館側はイスラム教徒を火葬したことを遺憾とし、外務省に書簡を送り今後の善処を強く求めたという。これは、日本側のイスラムへの無知に対して、悪意はないとしてももう少し理解をするようにとの強い要請であった。

同じく同年7月には、栃木県足利市で自殺した千葉県松戸市在住のイラン人青年の遺体を約1ヵ月半保管後に火葬を行っている。これらはどちらに非があるという種類のものではないが、あえていえば日本社会のイスラムへの知識不足が招いたもめごとの典型ということができよう。

今後は、ムスリムの生活儀礼（冠婚葬祭など）の最低の知識を身につけることが、彼らともめごとなく共存してゆくために不可欠である。

言論の自由とイスラム

次に、多少テーマから逸脱するが、言論の自由という大きなテーマについてのもめごとを検討する。言論の自由という概念は近代的なものであり、イスラムとのもめごとを起こしやすいテーマでもある。

特に、1991年7月に筑波大学助教授五十嵐一氏が殺害されたことは、日本のイスラム関係史上決して忘れることのできない問題である。

もちろん、同氏殺害の犯人が検挙されていない現在、これをイスラム教徒の犯行と断定することはできないが、彼がイスラム侮辱罪で、イランの故ホメイニ師から死刑宣告を受けたサルマン・ラシュディの『悪魔の詩』の日本語訳を出版したことや、それに関係して脅迫を受けていたことなどから、イスラム教徒の犯行と見なされた。同様な言論への弾圧事件はバングラデシュでも起こっている。

同国の作家タスリマ・ナスリンはイスラムの過激派から死刑宣告を受け、外国へ避難した。最近ではフランスでの事件もあったが、言論の自由を原則とする現代社会、特に日本で日常的にこのようなことが起こるとは考えられない。しかし、だからといって無制限な自由ももめごとの原因となる。

これはイスラムに限らないが、特に宗教的なシンボルへの言及には、相手の信仰や感情に配慮するための何らかの法規制も検討される必要があろう。いたずらに自己の立場を主張し相手に押しつけることは、双方で慎むべきである。ましてや暴力など論外である。

どうすれば彼らと共存できるのか

日本社会は言語や文化が、他の国々に比較して均一であり、またそれを前提に文化や社会のシステムが形成されているために、異質なるものへの対応が不完全な場合が多々考えられる。

しかも、宗教についての考え方が極めて特殊であるがゆえに、宗教面における配慮は著しく欠落しているので、善意で行ったことが、結果として相手を深く傷つけることになることも予測される。そのような意味で、イスラム教を非の打ちどころがない宗教であるかのごとく紹介したり、逆に暴力的なイスラム教のイメージを増幅するような偏ったイスラム観は糾《ただ》さなければならない。

あくまでも、中立的な視点から非イスラム教社会に属する日本人が、イスラム教のメリットとデメリットをその基準とともに明らかにし、基本的なレベルから論じなければならないのである。

もちろん、それは日本に住むイスラム教徒の社会においても同様で、他宗教への尊重の精神をもつということを必然的に伴うものでなければならない。

第4章

原理主義から見えてくるもの

――「イスラム原理主義＝ＩＳ」ではない

▼原理主義の源流はサウジアラビアにある

▼テロという言葉は一貫性のない概念で支えられ、さらには政治的に利用される

ＩＳ（イスラム国）の戦略と我々が取るべきスタンス

イスラム過激派と呼ばれる特定のイスラム・グループによる凄惨な事件が、世界中を恐怖に陥れている。今や日本でも連日報道されるＩＳ（イスラム国）の凶行に、そのイメージは悪くなるばかりである。

２人の日本人の殺害にまつわる一連の事件が、遠い中東の、しかもイスラム教徒という歴史的、文化的に他者たちが行っている地域紛争とのんきに構えていた日本国民を一気に、紛争の当事者に仕立て上げてしまった。

まさに、日本社会でも子供から主婦層にまでその衝撃は広がった。その意味で、日本社会を中東の紛争に引きずり込むというイスラム国の戦略は、残念ながら見事に達成されつつあるといえる。

しかし、ＩＳ（イスラム国）への不安と憎悪を、この一連の事件を通じて増幅させてしまうことは、そして、イスラム全体への誤解や忌避の感情をもってしまうことは、それこそ彼らの術中にはまることであり、15億とも16億ともいわれる一般的イスラム教徒との平和的な共生の関係を大きく損なうことになりかねない。それは日本にとっても、人類にとっても由々しいことである。筆者は、このような時こそ、落ち着いて事実の関係の分析を冷静に行うべきだと考えている。

特に、イスラム過激派と呼ばれる人々が、なぜ凶行に訴えるのか、またその訴えがなぜ少なからぬイスラム教徒の共感を呼ぶのかについて、その要因を多方面から検討する必要があると考える。

とはいえ、筆者は政治学者でも、経済学者でもない比較宗教学者である。だからこそ時間的には長期に、空間的にも広い視野で、今回の問題を扱うことができるのではないかと考えている。

それはつまり本書で示すような視点が、熱く焼けて火を噴くような現在のイスラムの事象やそれへの対応を歴史という大河の水で冷やし、問題の核心を洗い出す作業となり、現在沸騰しつつある日本のイスラムへのマイナス感情の鎮静化と、正しい対応のための一助となると確信しているからである。

この荒れ狂う嵐のような凶行に関して、その背後を踏まえて、この問題を冷静、中立的かつ分かりやすく解説することを目指している。

その意味でピケティの『21世紀の資本』という書物は、純粋に経済学領域の書物であるが、しかし、それにとどまることなく他の領域、具体的には本書のような宗教を扱う書物においても極めて重要な資料や考察を与えてくれると思い、その多くを取り上げてきた。

特に、現在中東やアフリカにおいて過激派と呼ばれるイスラムの活動が、世界中の耳目を集めているが、彼らの暴力的な言動の背景にある怒りの原因に、欧米諸国による国家破壊や経済制裁、そして「富の偏在」や「資本の格差の拡大」という現実があることを忘れてはならない。

筆者は、ＩＳ（イスラム国）やナイジェリアのボコ・ハラムを擁護する立場にあるものではないが、しかし、彼らの信じがたいような言動を単に憎むだけでは、この問題は解決しないと考えている。確かに彼らの行動は、現在主流の人道主義的な視点から見ると明らかに異常であり、決して容認できるものではない。

しかし、同時にこのようなことは、歴史的に繰り返されてきた凶行であり、アルカイダ、ＩＳ（イスラム国）、ボコハラムなどの過激派と呼ばれる集団に限られる問題ではないということも、また事実である。広くいえば、イスラムの拡大史において、異教徒の弾圧や奴隷売買などはどこでも見られた現象である。

筆者のように、インド亜大陸の宗教史を研究する者には、近代に至る同様の行為を記録によって確かめられるのである。

もちろん、それはイスラムに限らず欧米の行った植民地支配や奴隷売買などにも見られる非人道的な行為であり、時期は短いが、大日本帝国下においても類似した行為がなかったとはいえない。だからといって、イスラム過激派の人々の非人道的行為が、過去の歴史の繰り返しという理由で、解消するわけではない。

本章では、2人の日本人殺害やフランスの報道機関（その新聞社の行動にも多少の問題があるように思われるが）襲撃、さらにはチュニジアの博物館での日本人の犠牲などのショッキングな凶行による衝撃から、とかく憎しみや恐怖心によって事件やその首謀者、さらにはイスラム全体への過剰な、そして誤った認識が蔓延し、日本の世論が反イスラム、あるいは嫌イスラムとなり、さらなる不幸な事件に発展しないように願い、比較宗教学や比較文明学の視点から、現在のイスラム原理主義に関して、できるだけ冷静に客観性・中立性を保ち、これらの問題を論じていきたい。

国家の概念とIS（イスラム国）の関係

イスラム原理主義、テロリスト、過激派組織……昨今のニュースは、世界各地で引き起こされるイスラム教徒による暴力事件で溢れている。

特に、IS（イスラム国）の台頭は、それ以前のイスラムの戦闘組織集団とは大きく異なるとされる。

その理由は、彼らが1924年に廃止されたイスラムの伝統的な政治と宗教の一元的体制である「カリフ制」の再興を宣言したこと。そしてまだ不安定とはいえ彼らが領土と呼ぶ領域を確保しているという点である。なお、カリフ制とは簡単にいうと「ムハンマド亡き後、彼の後継者カリフがイスラム共同体を治める体制」のことである。

この点に関しては、確かに新しいイスラムの形が主張されてきたということは事実であるが、イスラムでは国家という枠組みは、近代的国家観と多少違う点がある。

ことさら現在の中東地域は、トルコ帝国の衰退から崩壊によって生まれた空隙に、事情は違うにしてもイギリスなどのヨーロッパ各国の思惑で、直接・間接的にできた国がほとんどである。

しかもそれは、いわゆる多数派の民衆のためなどではなく、西欧諸国の都合で線引きされたものが中心である。ゆえにその維持には、ことのほか人為的な力、端的にいえば武力などが不可欠である。武力による抑え込みがあって、初めて同地域の現状が維持されてきたという側面を見逃してはならないということである。

そもそも領土をもつ国民国家という概念が近代文明の産物である。

部族主義と遊牧的発想を基礎とするイスラムでは、近代の領土国家が前提とする国境線の概念は好まれない。つまり、商業と遊牧を基礎的な文化とするイスラムの発想は、極めて高い流動性をもつのであり、自閉的な領土国家という概念は、文化的にはなじまない。6章でも触れるように、イスラム教は国家の統治形態にはあまり執着はないであろう。もしあるとすれば、それは施政者の利益構造との関連となる。特に、イスラム原理主義者の主張で、反西欧文明という点が共有されている昨今、この点は十分理解する必要がある。

我々は日本人の常識だけで考えてはいけないのである。大切なのはイスラムの主張に耳を傾けること、理解することである。当たり前のことかもしれない。しかしこのような当たり前のことをなぜ指摘するかといえば、日本の現今の世界認識やそれを理解するための基本的な概念の多くに、極めて曖昧な、見方によっては不備があるからである。

特に、後述するように欧米で用いられている概念を直訳して、安易にそのまま採用するような立場が多く見受けられる。

イスラム原理主義などについて先入見を捨てて、基礎から学ぶことにしよう。

原理主義という言葉の問題点

現在一般的に用いられる原理主義とは、欧米のジャーナリズムが使うFundamentalismの訳語として1980年代に用いられるようになったものである。イスラム学者の臼杵陽の研究によれば、1979年頃のイランにおけるイスラム革命に対して用いられたのが、実質的なはじめだとされる。筆者が思想家の松本健一（1944～2014年）から直接聞いたところでは、彼が最初に用いたようである。

当時の新聞には、イスラム過激派とか急進派と表現されていた。

昨今では「イスラム原理主義」がしばしば耳目を集める。そこでは、テロや武力闘争を伴う宗教運動のような印象がもたれる。それは正しいのであろうか。

例えば、臼杵陽の著書『原理主義』の中で、「原理主義を語るには幾多の困難が付きまとう。それは原理主義の多義性に起因しているからだ。（中略）『脅威としての原理主義』を原理主義の本質的な理解と呼んでおこう。誰にとっての『脅威』なのか。イスラム原理主義を『敵』として創出したいと願っている人々である。ここに言説をめぐる権力政治の実態が現れている」と述べている。

これとほぼ同じことを、社会学者宮台真司は「原理主義＝ファンダメンタリズムという言葉の虚構です。79〜80年、イラン革命からイラン・イラク戦争への流れの中で、米国が従来の語法を転換させせました。従来は『聖書に起きたことを本当だと信じる立場』を根本主義＝ファンダメンタリズムと呼んでいました。ところが米国は、イラン革命の当事者を宗教的狂信者だと決めつけるために、ファンダメンタリズムという言葉を使うようになった。その意味で、宗教的な用語のように聞こえるファンダメンタリズムはきわめて政治的な用語なのです。米国の石油利権に基づく中東政策があります。この事実を覆い隠すべく、宗教的狂信者がテロに走るとのデマゴギーを世界中にふれ回ったに過ぎません。9・11も宗教的狂信者がやったという話になっていますが、同じ図式です」と極端な解釈ではあるが、インターネット上で言及していた（※既に削除されている）。

つまり、原理主義運動を狂信的で、暴力的な宗教運動、特にイスラムの反欧米運動としての暴力的な活動として理解させようという風潮は、戦略的に編み出されたもので、歴史的には最近の、それも政治的なものということになり、そう古いものではないという解釈となる。

社会学者らしい象徴的な把握であるが、このように主張する人々はイスラム研究者の中にも少なくなく、彼らは主にマスコミで一括されている「イスラム原理主義（運動）」という言葉をイスラム復興運動とか、イスラム回帰運動とすべきであるとの考えを提示している。

つまり、アメリカにも日本にも宗教が絡んだ大規模なテロリズムは存在したし、これからも起こるであろう。オウム真理教のサリン事件や、オクラホマの州庁舎爆破事件等々がそれである。これらは危険なカルト教団として処理され、イスラム原理主義のようなイスラム全体を含むようなニュアンスはない。その意味で、イスラムを危険視する欧米人の真相が、この言葉の背後に潜んでいるという推測は、サイードのいうオリエンタリズムを投影している言葉といえよう。

また、このような運動を主に取り扱ってきた既出のユルゲンスマイヤーは、イラン革命以降世界秩序を動かす大きな流れの一つとなった政治と宗教が一体化した運動を「宗教民族主義」と表現していた。

ところが、冷戦構造の崩壊の兆しが顕著となり始めた頃から、西欧文明に対する対抗勢力としてのイスラム急進派、過激派に替わる呼び名として、原理主義という名称が盛んに用いられるようになったようである。

しかも、そのターゲットはキリスト教でも、仏教でもなくイスラム教に集中的に使用される傾向が、特にマスメディアにおいて顕著であるということは確かである。

しかし実は、欧米メディアの敵対的な評価のみならず、イスラムの中でも原理主義運動は特異な存在である。

「イスラム原理主義」とは

本書でイスラム原理主義とする運動は「現在のイスラム社会が頽廃《たいはい》しきっており、その社会を立て直すためにはまず、初期のイスラム社会に回帰せねばならない」という宗教的確信をもち、「イスラム教の教えを支障なく実践できる社会の建設」を目指し、目前の社会をイスラムの教えに矛盾しない社会に改革しようとする運動とする。

それは「(イスラム教の教えは) 政治、経済、社会、文化など、人間のあらゆる営みに関係する」というイスラム独自の思想、本書でいうタウヒードの思想による。ただし、現実の運動は決して統一の取れたものではない。それゆえにイスラム原理主義の理解は、『コーラン』の教えやその歴史を踏まえることが不可欠であろう。

正統なる神の教えへの回帰とそれが正しく行われている社会の構築という思想は、そもそも、セム族の宗教に特徴的な、預言者による世直し思想にある。これはムハンマドのイスラム開教の理念でもあった。

つまり「啓典の民（ユダヤ・キリスト教徒）」が、神の教え（『聖書』）を授けられたにもかかわらず「その多くが曲解している」ためにそれを糾し、神（アッラー）の教えに戻すため、つまり「神の親の教えを人々に伝えるために」遣わされたというムハンマドの意識がイスラムの根底をなす。

それゆえに、今日のイスラム原理主義が、反西洋文明とそれに汚されたイスラム社会の再構築運動と位置づけられるのは、この歴史のためである。

しかし、イスラムの１４００年の歴史の積み重ねを否定することは、尋常なことでは許されない。そこには思想性と政治的なパワーが不可欠である。そしてそれを提供したのがワッハーブ派の思想とサウジアラビアである。以下この点を検討しよう。

ワッハーブ派と現代の原理運動

現代の原理主義運動は、反米運動として始まったシーア派主体のイラン革命とソ連のアフガニスタン侵攻阻止を目指した勢力があった。しかし、イラン革命はシーア派内の革命が中心であり、またスンニ派による封じ込めもあり、現時点ではイランとその関係国や地域に限定されている。

一方、反ソ連勢力として結成されたムジャヒディーンたちの勢力こそが、そもそも無神論者のソ連という共産主義政権からイスラム教国と信仰を護るという宗教性の高い運動であったこともあり、その影響が近日に直結する。

いわゆるムジャヒディーン運動から、アルカイダ、ＩＳ（イスラム国）に連なる系譜である。この時に、大きな影響力をもったのが、この運動を資金面とメンタル、人員面でバックアップしたサウジアラビア政府であり、ワッハーブ派の思想であったと思われる。少なくとも、ウサマ・ビン・ラディンらの思想には、ワッハーブ派的な峻烈なイスラム解釈があるといわれる。

その反ソ連で結束した護教組織のタリバンやアルカイダの戦士たちは、共産主義という近代西欧文明が生み出した双子の一方に勝利したことで、もう一方の西欧文明であり、長い間イスラム地域を支配し、また現在でも政治、経済、そして文化で彼らを苦しめている欧米文明への反発、敵対意識、護教意識から、より純粋で、非西欧文明的なイスラム、純粋なイスラムに自らの存在意義、アイデンティティを求めたのである。

いずれにしても、この時反ソ勢力に惜しみない経済的支援を与えたサウジアラビアが、厳密なイスラム法解釈のワッハーブ派の教理を教え込んだのである。これが、現代中東をはじめ世界中で見られるイスラム復興運動のいわば原型となっていると筆者は考える。

もちろんワッハーブ派といえども、暴力的にいき過ぎた一部のイスラム原理主義運動は肯定しないのは当然である。

しかし、このワッハーブ派の思想やその擁護者であるサウド家の行動を見ると、現在のイスラム過激派組織との共通性を感じずにはいられない。まさにサウド家の歴史は、過酷な戦いの連続であったからだ。

ワッハーブ派とサウジ・アラビア王朝

サウジアラビアとは、サウド家のアラビアという意味で、いわばサウド王家が支配するアラビアというほどの意味である。よくいわれるように、国家に自らの名前を冠している国はなく、それだけでも非常に特異な国家、王朝であるが、その特異さはこの国が、今流にいうとイスラム原理主義によって建国された国家（というより王朝）であるということにある。

一般に、サウジアラビアは、イスラム教の聖地メッカやメディーナがあり、イスラム教にとって最も重要な国家というように理解されている。確かに地理的には現在のサウジアラビアは、聖地メッカやメディーナを含んでいるが、サウジアラビア政府（サウド王家）がこの聖地メッカ、メディーナを支配下に置いたのは、そう古い時代ではない。

そもそもサウド王朝は、アラビア半島のほぼ中央部の砂漠地帯にあるオアシス都市リヤドの地方豪族であり、ムハンマドを生んだクライシュ族でもない。その地方豪族であるサウド家が、聖地メッカやメディーナを支配できた理由は、その強烈なワッハーブの信仰と、同家が繰り広げてきた闘争の歴史による勇猛さとイギリスの庇護のもとに反トルコ帝国、アラブ民族主義を掲げたことによるとされる。

サウド家とワッハーブの連合の意味

サウド家の発祥はあまり明確ではないが、１４４６年頃に東アラビア海岸のアルダイヤールというところから現在のサウジアラビアの首都であるリヤド近郊に、マーニ・アル・ムライディかその子ラビーアが移住したことに始まるとされる。

この地は、大変厳しい自然環境の土地であったが、彼らの子孫は勤勉な開拓と近隣者を倒す積極的な領土拡張策により、その支配地を拡大したとされる。その後、アラビアでは決して珍しいことではないのであるが、他部族への容赦のない攻撃や兄弟、一族との死闘を通じてサウド家は領土を拡張していく。

不毛な岩山と砂漠、そして僅かな耕地に頼るアラビアでは、他部族への略奪や戦利品の獲得が、最大の収入源であったとされる。そのような中世さながらの征服劇を勝ち抜いてきたのが、サウド家であった。

しかし、そのような武力による支配では、おのずと限界があるが、そこにサウド家の拡張主義を宗教的にバックアップする宗教家が現れた。ムハマド・アブドゥル・ワッハーブ（1703～1791年）である。この高名な宗教家、イスラムの中でも極めて厳格な排他的一神教による非妥協性を特徴とするワッハーブと、今や実質的にアラビアの最有力部族長となったサウド家の当主ムハンマド・イブン・サウド（1726～1765在位）は、互いに支援しあう盟約を結び盟友関係を確立した。

ここに現在でも続くサウド家とワハーブ派との政治と宗教の一体的な関係が生まれたのである。この新しいイスラムの政治形態は、現在の原理主義運動の源流である。

これ以後、彼の征服戦争は、単なる戦利品や略奪目的ではなく、ワッハーブ派の布教という宗教的な大義名分が付与されたのである。つまり、「獲物目当ての略奪行為であっても、ワッハーブ派を受け入れた後は、タウヒードの旗を掲げた聖戦として自分たちの行動を正統化した」というわけである。

この運動は、アラブ民族主義と結びつき、結果としてトルコ帝国のアラビア半島からの独立運動に発展する。その後幾多の曲折を経て、現在のサウジアラビアが、1932年に建国される。その後石油が産出し、膨大な富を背景に、サウジアラビアはイスラムの盟主的な存在と見なされるが、一般には、厳格な一神教を主張するワッハーブ派に対して、多くのイスラム教徒はこれを狂信的として退けていたとされる。

例えば、メッカのアミールいわゆる太守であったガリーブ・イブン・ムサイドは、異端のワッハーブ信仰を一掃するとして、サウド家の祖先と戦っているし、現在でも多くの穏健派のイスラム教徒は、ワッハーブ派のあまりに極端な解釈を受け入れない。つまり、ワッハーブ派の主張は、どの宗教にもある厳格主義、超保守主義ということである。

ユダヤ教徒の中にも厳格な保守派があることはよく知られているように、一般的に保守主義や厳格主義は、どの宗教にも一定の割合で存在する。しかし、厳格主義は一種の理想主義で、保守的、伝統的、つまり開祖などの生活や教えに忠実というが、決して初期のそれでない。

一般に過去への回帰、つまり原初形態を理想として、現在を否定しようとする勢力は、自らの理《ことわり》に都合の良い部分を強調して、正当性を主張する。その原理は分かりやすく、また誰も反論できないという意味で、極めて利用しやすい考え方なのである。

しかも、セム的宗教の預言者による革命思想の系譜を引くイスラム教では「ムハンマドの精神に帰れ」といえば、それだけで多くの民衆を味方にすることも可能である。これが現在のイスラム原理主義運動の主要な源流なのである。

次に極普通に用いられている「テロ」という言葉についても考えよう。

イスラムとテロリズム、その背景

かつて私はこのようなことを書いたことがある。

「2003年が暮れようとしている現在、国際貢献というスローガンのもとに、自衛隊のイラクへの派遣が実行されようとしている。一般の国民は小泉首相の言説には納得しないものの、国際貢献という言葉に、しぶしぶ従う形でこれを認めようとしている。

その根拠として『テロの脅威には屈しない』という強い国際的なコンセンサスがあるとされる。もちろん、総論においてテロリズムを肯定する個人も国も決して多いわけではない。しかし、例えば、イラクにおけるテロリズムの撲滅を強く主張しているアメリカのブッシュ政権や、それを支援するイギリスの背景にどのような思惑があるのか、検討しなければならない。もちろん、テロリズムという卑怯な戦法を用いる闘争方針に賛同するものは少ないであろう」

ニューヨークで起きた2001年9月11日のあの衝撃的な事件やパレスチナにおける自爆テロなどをイメージして、テロリズムを漠然と定義し非人道的、あるいは無辜《むこ》の市民を狙った卑怯な戦法というような曖昧な〝テロ観〟でもって、この撲滅のために軍隊を動かすことが、正当なものであるかどうかは、議論の余地があるであろう。

しかも、そのテロ事件の首謀者としてウサマ・ビン・ラディンが率いる国際テロ組織アルカイダやIS（イスラム国）が連想されるとすれば、なおさら慎重に考えねばならない。つまり主に欧米系メディアによって喧伝されているこの種のスタンスの背景には、サイードが著書『イスラム報道』で鋭く指摘したように、近代西欧型文明が文明的なレベルでもつ、イスラムへのトラウマ、具体的にいえばイスラム教への脅威論が見て取れるからである。さらに、それ以上に一種の国際政治レベルの不条理がある。

テロの定義は可能か？

２０１５年４月時点で、テロの定義について考えるには、次のようなテロに関する象徴的な出来事を知っておく必要があろう。

マレーシアのクアラルンプールで２００２年５月に始まった東南アジア諸国連合（ＡＳＥＡＮ）のテロ問題特別閣僚会議でのことだ。

マレーシアが提案した「テロリズム」の定義にシンガポールが反対し、首脳会議から持ち越したテロの定義問題の決着に失敗したのだ。

「取り締まるには定義が必要だ」（マハティール元首相）というマレーシアは「個人、政党、国家などを問わず、武力で一般市民を攻撃する行為はテロリズムと見なす」との定義を提案した。だが、シンガポールは「国連ができないものをＡＳＥＡＮがするべきではない」と議論自体を強く拒否。もし定義に「国家」が入るとイスラエルのパレスチナへの攻撃もテロになる可能性があり、「イスラエルと軍事交流などで親密なシンガポールが配慮した」（インドネシア代表団）との見方も出ている。

全会一致が原則のＡＳＥＡＮでは、１ヵ国でも反対すれば決まらない。マレーシアのアブドラ元副首相は「会議ではもう定義問題は議論しない」と宣言した。

ここで重要なのは、「テロの定義」における国際的な共通理解、共通基準はないということである。少なくとも国連において法的に認定されたテロ基準がないことは重要である。なぜなら、国際基準がないということは、各国あるいは各集団が恣意的にテロという言葉を用いて、相手を非難することができるからである。それはテロという言葉が政治的に利用されるということを意味している。その典型がこのシンガポールの態度に表れている。

この記述が正しければ、テロという言葉は、政治的用語、つまり利害の駆け引きに用いられる言葉として、極めて有効な言葉であるということがいえる。

つまり、典型的なテロリズムである爆弾を用いた戦術は、その爆弾テロの被害者が、多くの場合一般人それも子供が巻き込まれるためにテロ戦法への非難は誰でも認めるところである。つまり、ある種の戦闘をテロと呼べば、それは絶対悪的なイメージを相手に付与できるということである。さらに、その悪であるテロを封じ込めるには「いかなる戦法も許される」というような主張が受け入れられる土壌を作ることにも利用される。しかしテロとは何なのだろうか。

例えば、次の記事を見てもらおう。これはエクバル・アーメドが１９９８年10月12日にアメリカのコロラド大学で行った講演の一部をインターネットサイトから、引用したものである。

「1930年代から1940年代にかけて、パレスチナのユダヤ人地下組織は『テロリスト』と呼ばれていました。事態は次第に変わっていきます。1942年、ホロコーストが進行しており、西側世界ではユダヤ人に対するリベラルな同情がある程度高まっていました。この時点でパレスチナのテロリストたち、すなわちシオニストのことですが、彼らは1944年から1945年にかけて突如『自由の戦士』と呼ばれるようになります。メナヘム・ベギンを含む少なくとも2人のイスラエル首相が、テロリストと呼ばれていました。実際、彼らの写真とともに『このテロリストを捜査中、報酬はしかじか……』というポスターを歴史書の中に見つけることができます。私が見た報酬の最高額はテロリスト、メナヘム・ベギンの首にかけられていた10万英国ポンドでした。

1969年から1990年にかけて今度は、PLOすなわちパレスチナ解放機構がテロリスト組織の舞台のまんなかを占めることになります。ヤシール・アラファトはアメリカジャーナリズムの草分けであるニューヨーク・タイムズのウィリアム・サファイアによって『テロリストの頭目』として繰り返し描かれました。

さて、1998年9月29日、ビル・クリントン大統領の右側に立っているヤシール・アラファトの写真はなかなか面白いですね。クリントン氏の左側にはイスラエル首相ベンジヤミン・ネタニヤフ。クリントンはアラファトの方を向いており、アラファトはまるで柔和なネズミのような表情です。数年前まで彼は、腰のベルトには銃をぶら下げて、もっと脅迫的な面構えだったはずです。これらの写真をみなさんもご記憶のことでしょう。

1985年、ロナルド・レーガン大統領は、あごひげをはやした一群の男たちと会見しました。私はこの人たちについて、当時ニューヨーカー誌に書きました。彼らはあごひげをはやしているだけではなくターバンも巻いていて、その残忍な見かけはまるで別の世紀からやってきたみたいでした。レーガン大統領はホワイト・ハウスに彼らを招き、その後記者会見をしましたが、その席上彼はこの男たちを紹介し、きっと覚えていらっしゃる方もあるだろう、こういったのです。『彼らはアメリカの建国の父達とも比すべき志をもっている』。彼らこそ、銃を取って『悪魔の帝国』と闘う、アフガン・ムジャヒデンだったのです。彼らは建国の父達と道徳的に等しいと呼ばれたのですね！」

この引用から明らかなように、テロという言葉は、一貫性のない概念で支えられているということである。

もともと政治的な効果を生むために採用される戦法であるテロであるがゆえに、その使用法には細心の注意が必要であるということである。

ここで改めて、テロについて基礎的な意味を確認しておこう。

岩波書店の『広辞苑』では「あらゆる暴力手段に訴えて政治的敵対者を威嚇すること」とある。これに対して小学館の『日本国語大辞典』では「一定の政治目的のために、暗殺や暴行、粛清などの直接的な恐怖手段に訴える主義。暴力主義。またはその行為」とする。そして、その初出は１９２１年の『新しき用語の泉』とされる。一方『社会科学事典』によれば「もともとはフランス革命におけるジャコバン党の恐怖政治をさしたが、今日では広く一般的に政治的概念として使用されていることばである。すなわち、政党ないし革命団体などの組織集団がもっぱら組織的な暴力手段の行使によって、一定の目的の達成を企画する方法または理論をいう」となる。

この場合、集団としての国家とテロはどのように関係するのであろうか。その点は「テロリズムは必ずしも政治団体や政党に固有のものではない。いかなる性格をもつ集団であれ、権力関係の変更または維持を意図とする集団はテロ戦術を行使することもある」とあり、国家の行う暴力行為もテロとなるという認識を示している。

ところが、次のような定義も実際にはなされている。

例えば日本で公に用いられるテロリズムの定義として「テロリズムとは、国家の秘密工作員または国家以外の結社、グループがその政治目的の遂行上、当事者はもとより当事者以外の周辺の人間に対してもその影響力を及ぼすべく非戦闘員またはそれに準ずる目標に対して計画的に行った不法な暴力行使をいう」というものがある。

一見、問題のない定義と思われるが、この定義の重要な点は、国家の行う暴力あるいは戦闘行為は、テロとは呼ばないという点である。

これは何を意味するかというと、例えばパレスチナの人々が、イスラエルに対して爆弾テロ、自爆テロを行うと、彼らには国家がないゆえに、国以外の結社となり、その武力行為はテロと位置づけられることとなる。

一方、その報復、あるいは抑止としてイスラエルが、パレスチナの解放運動家（イスラエルからすればテロの首謀者）を攻撃するために、彼が潜むアパートをミサイル攻撃し、本人を含むアパートの住民（その多くが無辜の市民）を巻き添えにしても、それは正当な軍事行動であり、テロ行為として非難されないということになる。この不平等な現実を我我は放置しているのである。真に今の国際社会には武力という富の格差社会なのである。

日本独自の客観的なテロへの定義が不可欠

実は、先のテロの定義は１９９３年に公安調査庁が発行した『国際テロリズム要覧』に掲載されたものである。

しかも、この定義を定めるために同庁は「国際テロリズムの定義については、その態様が多様化、複雑化していることもあって国際法上の統一した定義づけがないのが現状であるが、ここでは国際テロリズム研究で先進的な米国種務省（※国務省の誤りか？）のほか、イスラエルのジャッフイ戦略研究所等国際研究諸機関の定義を参考にその共通項的部分を取り出し……」と述べている。

この記述が正しければ、日本のテロの定義は「国家レベルの軍事行動はテロではない」ということで、イスラエルが行っているパレスチナへの過剰な戦闘行為も、アメリカが行ったアフガニスタンやイラクへの暴力行為もテロではなく、合法的な軍事行動ということになる。

その際に、数万〜数十万人の市民が犠牲になっても、それは国家による戦闘行為であるがゆえに許されるということになる。

しかも、アメリカが一方的に「テロ支援国家」と位置づければ、それがそのまま日本においても受け入れられるというのは、学問的にも、また国家としての独立という面からしても芳しくないであろう。

2015年3月時点でアメリカが名指しするテロ支援国家は、イラン、シリア、キューバ、スーダン（過去には、イラク、リビア、北朝鮮、南イエメン）となっており、イスラムへの過度の集中が顕著である。
この点からも、日本が用いているテロの定義は、アメリカやイスラエルの意向が顕著に表れていると思われる。その意味で、先に示したシンガポールの立場と共通する。

しかし、このような偏ったテロ認識は、意識の混乱や正しい判断を阻害する心配があるゆえに、日本独自の客観的なテロへの定義が不可欠であろう。

ＩＳ（イスラム国）らの運動を鎮静化させるために

欧米先進国による身勝手ともいえる世界のその傾向は２０１５年現在、一層明確になってきた。

イスラム原理主義にして過激主義集団のアルカイダを始めとするイスラム武装過激派組織が、反近代西欧型文明を旗印に、真のイスラム教の教えに則ったイスラム教徒によるイスラム教徒の国の建設のために、動き出したのである。それがＩＳ（イスラム国）である。

もちろん、ＩＳ（イスラム国）のやり方は、あまりに極端で、かつメディアを利用した広報活動のうまさによって世界中に衝撃を与え続けているが、その本質は不平等な現実の否定と新しい秩序構築への挑戦であると考えてみる必要がある。

当然、それは彼らの主張を認めることではない。しかし単に否定するだけでは何も生まれないし始まらない。空しい武力対決が永遠に続き、結果として双方の一般庶民の犠牲が増えるだけである。

今回5人もの日本人が犠牲となり日本中がＩＳ（イスラム国）やアルカイダへの憎しみや嫌悪感を増大させている。それはやがてイスラム全体への不信に発展していかないとも限らない。それこそ彼らの狙いである。しかし大多数のイスラム教徒は、極普通の生活者である。彼らとの対決の道を選ぶような愚行に陥らないためにも、そしてむしろ圧倒的多数の穏健なイスラム教徒との相互信頼の輪を作り、彼らの共有する不満や不平等感に耳を傾けることで、ＩＳ（イスラム国）への共感者の心を沈めていく必要がある。

そのためにもイスラムへの関心を高めていくことが、遠回りのようで実は近道なのではないかと思うのである。最後に、イスラム原理主義やイスラム急進派を穏健派や一般のイスラム教徒と別な存在と考えることは、実体を見誤ることとなる。両者は連続しているのである。ゆえに原理主義者が穏健派に転換することもあり、その逆もある。これらを固定的に考えるより連続的に考えて、原理主義への傾倒者を少なくすることが不可欠である。

第5章

これからイスラムはどうなるのか

——世界の3人に1人がイスラム教徒になる中で

▼共存社会の建設にはイスラムと西欧の協調が不可欠

▼無駄に見える人文科学的な視点が状況を打開する

近代文明とイスラム文明の共存の条件とは

ハンチントンによれば、「『宗教文明の衝突の時代』では、文明は宗教をアイデンティティとしてグループ分けされる。それによりグループの結束は強まるが、逆に他のグループとの関係は、『イデオロギー対立の時代』以上に妥協や共存が難しくなる。なぜならイデオロギーはその中核が、政治経済体制の選択であるからだ。それはよりよい現実生活を導くのはどちらかという現実生活レベルの対立なので、ある意味で打算によって解決可能であった。それに対し、宗教は来世までの幸福を勘定に入れるために、より複雑なものとなる。この世で損をしても来世において得をするという選択があるからだ。ジハード思想などは、まさにこの世の生命を犠牲として、永遠の幸福を得るという発想である。こうなると容易に妥協は見いだせない。そのために、ハンチントンは各文明の中核となる国家は、他の文明内の衝突に介入することを慎むべきである」というようなことを提言している。

この「不干渉のルール」は、現在のようにグローバル化した多文明かつ多極化された時代には、国際平和を形成し、維持するための第1条件であるとも指摘している。その上で、現実世界での折り合いをつけていくことが求められるというのである。

政治的な視点もさることながら、経済的な視点でもピケティの指摘するように、富の格差の拡大構造の是正が重要となる。格差が広がってきているイスラム文明圏と近代文明圏との〝文明間格差〟の解消のための経済構造改革が必要なのである。

既述のように、現代文明下で結果的に収奪対象となっているイスラム教徒が集中するアジアやアフリカなどと近代文明圏との文明間格差の解消のために、欧米先進国はより一層の努力をしなければならないであろう。

繰り返しになるが、現在の国際秩序を形成する枠組みは西欧の利益と価値観、そして慣行を基にしている事実をまず確認することが、イスラム拡大の時代にはなくてはならない。

この点は、ハンチントン自身が国連の常任理事国を例に取りながら、彼のいう7あるいは8つの文明ごとに、常任理事国を選出すべきであると指摘している。

つまり、現在の5つの国、近代西欧型文明系諸国（アメリカ、イギリス、フランス）、ギリシャ正教文明（ロシア）、儒教文明（中国）に加えて、少なくともイスラム文明圏、日本文明そしてアフリカからも常任理事国を出せる制度にすべきであるということだ。

戦後体制の変革を国際社会の枠組みにおいて積極的に行っていくことが、今後の世界秩序の安定、つまり平和な国際社会構築に不可欠であるというわけである。

しかし、この提言には、かなりの抵抗が予想される。ハンチントンは、この新しい世界秩序の構築には、結果として多くの犠牲と忍耐が必要となるとしている。

確かに、宗教や民族といった人間集団の価値観の根底からの対立を収拾させるには、長い時間が必要である。そして、それは非常に悲惨な消耗戦となることは、歴史の示すところである。

ところで、なぜイスラム文明地域は、このように近代化への対応が遅れてしまったのであろうか。ハンチントンはしばしば、現在のイスラム社会の混乱は、近代文明との折り合いが悪いからであるという趣旨の指摘を行っている。

つまり、近代西欧型文明を受け入れられないイスラム文明側の硬直性が、国際社会の混乱を引き起こす最大の原因となっているという主張である。しかし、そこにはイスラム文明が近代西欧型文明と折り合いが悪い理由についての深い検討はない。

そこで両文明の歴史的な交流を概観し、未来志向の関係構築への可能性を探ってみたい。

時代に流されないイスラム論の重要性

本書でもしばしば指摘してきたとおり、イスラム勢力の急激な躍進は、必然的に21世紀の国際秩序の改変を伴う。その際の対応は、肯定・否定と大きく2つに分かれることとなる。

そこで、イスラム勢力の拡大という現象を、どのような立場で解釈するかを明確にすることは、同問題を扱う場合に従来になく重要なこととなる。

つまり、イスラムか非イスラムかという問題は、従来の紛争要因であったイデオロギー問題とは比較にならないほどに、この現象の意義づけを左右する。

なぜならそれは、利害得失を合理的に判断できたイデオロギー対立とは比べものにならないほどに、主観的な領域である宗教問題に直結するからである。それは、現在を含めた近未来世界秩序を考える上で、一層重要な視点である。

今後における国際社会の動向を考える上で、大変重要な要素となるイスラム勢力の分析においては、現在一部のマスコミやそれによって形成されたステレオタイプ的なイスラム脅威論（これがいわゆるサイードが指摘するオリエンタリズムである）や、これとは逆に、イスラム礼賛や親イスラム的な立場からのイスラム擁護的視点（筆者がいう逆オリエンタリズム）では、この現象を中立に判断することはできないであろう。

特に現代社会の理解は、リアルな情報が氾濫するために、往々にして感情論に流されやすい。日本人がイスラム急進派のテロリズムの犠牲者となる昨今においては、冷静な対応と中立的な立場の堅持がより求められる。

このような時期には、反イスラム、親イスラム両陣営の二律背反的な単純な論調が、一般的には受け入れられやすい傾向がある。しかし、日本はそのような刹那主義的な感情論を排して、より正確な事実の把握と、その問題の出自に対する冷静な認識をもつべきである。これは歴史上どちらの陣営にも与することのなかったという意味でフリーハンドな日本の進むべき姿であろう。

しかし、そのような視点をもつためには、両者の関係の歴史をある程度知っておく必要がある。次に簡単に検討してみよう。

ライバル文明としての「イスラムと西欧」

まずハンチントンにも共有されている非イスラムの欧米知識人に見られるイスラムへの否定的な見方の背景にある真相について検討してみよう。

サイードはその著書『オリエンタリズム』や『イスラム報道』において、欧米社会が文明レベルでもっているイスラムへの脅威論を鋭く暴き出した。

西洋文明、特に欧米文明のイスラムへの屈折した感情、そしてその文明に内在するシステムとしてのイスラム蔑視やイスラム軽視、さらには政治的な手法として確立されているものまで、我々の前に開陳した。

その伝統は、現在のアメリカのインテリ層にも継承されている。

例えば、フランシス・フクヤマの『歴史の終わり』やハンチントンの『文明の衝突』においては、欧米文明に対立あるいは敵対するイスラム勢力への危惧が明確に表れている。

宗教学・国際関係学の研究者エスポズィートの『イスラームの脅威』による西欧とイスラムの対決の交流史の概観によれば、7世紀初期のビザンツ帝国の敗北、11世紀から13世紀の十字軍、15世紀の末に終わったイベリア半島におけるレコンキスタ運動、そしてオスマントルコ帝国によるヨーロッパへの軍事的圧迫、18世紀から20世紀におけるヨーロッパによる植民地支配。さらには20世紀後半の超大国（アメリカと旧ソ連）による政治的・軍事的、そして文化的な挑戦。加えるにイスラエルの建国、アフリカにおけるキリスト教との布教合戦と民族問題などを絡めての対立関係。そして最後に20世紀後半を貫くパレスチナ問題、イラン革命、アフガン戦争によって疲弊したソ連の崩壊以来、一層反西洋文明への対抗意識を鮮明にしてきた、いわゆるイスラム原理主義。これらは激しい対立と憎悪をキリスト教徒とイスラム教徒との間に沸き立たせてきた（エスポズィート『イスラームの脅威』)。

もちろん、近年激しい反西洋文明意識に燃えるイスラム原理主義運動は、一方でイスラム教への覚醒・純化運動であると同時に、19世紀以来植民地化され搾取されつづけたイスラム文明の再構築の運動という側面がある。

その意味で、イスラム復興運動は決して単純な反西洋文明運動ではない。

しかし、この運動は必然的に欧米諸国(当然ながらその中心はキリスト教)の築いた世界秩序(それは欧米の利益確保のために有利に展開された秩序という側面があることは否定できないが)への脅威であり、挑戦と認識される。

つまり、西洋文明に与する人々の多くは、西洋とイスラムの戦いが、自由主義対共産主義の戦いに取って代わろうとしているとする。特にアメリカは冷戦終結後の国際秩序において、イスラム原理主義運動を新たなる敵と位置づけようとしているとする。この点はしばしば論じたことである。

そして、現在用いられているイスラム原理主義とは、端的に欧米の利益を脅かす運動に対するものとして、敵意をもって位置づけられている。

この点には2つの意味がある。1つはある意味でアメリカ特有のキリスト教原理主義ともいえる伝道主義である。この点は後に論じるが、世界をアメリカ文明化し、その基礎であるプロテスタントの信仰を布教しようという意識である。もう1つが、経済的な意味である。特に軍事産業の立場からの敵対者の確保であり、また自由になる石油の確保である。

文明の師としてのイスラム

しかし、このような武力紛争史的な対決史観のみでは、両者の関係は語れない。現在のヨーロッパ文明の師、あるいは産婆としてのイスラム文明の存在である。その視点からいえば、西洋文明はイスラム文明の川下であり、生徒である。したがって両者は対立するというよりも文明的には親子関係にあった。それが「12世紀ルネサンス」と呼ばれる時期である。

この12世紀ルネサンスという言葉は、アメリカの中世史学者であるホーマー・ハスキンズの『12世紀ルネサンス』によって定着した言葉である。それは、後述の伊東俊太郎によると「ヨーロッパが歴史的な発展を遂げる創造的な局面をなしているのが12世紀ルネサンスであり、それはフランスの市民革命にも勝ってヨーロッパをヨーロッパたらしめた重要な事件」というものである。

ではその現象を生み出した要因は何かという点に関して、ハスキンズをはじめ欧米の学者は、これを明言しない。

実は、そこに近代西欧型文明のもつイスラム文明へのトラウマが存在する。このトラウマは現在の欧米文明、すなわち現代西洋文明にも引き継がれている。

この点を明確化するのに多大な功績があったのが、世界的に高名な比較文明学の碩学《せきがく》、伊東俊太郎である。伊東によれば「この12世紀ルネサンスの本質は、西欧がアラビアやビザンツの文化と出会ってそれを吸収し、学術、思想、文化の大転換を遂げる時代だという風に定義したい」となる。以下、伊東の所説を簡単に紹介し、近代西欧型文明がもつトラウマの原因を示しておこう。

イスラム文明の西洋への流入には、スペインとイタリア南部のシチリアの2つのルートがあった。どちらもかつてはイスラムの支配、あるいは文化的支配を受けた地域である。

特に、長くイスラム勢力に支配されていたスペインでは、イスラムと土着の文化との融合は、ごく自然なものであった。

そのような地理的な環境も有利に働き、また1085年にトレドが西側に帰属すると、本格的なアラビア文化の導入が行われるようになったという。そこにはアラビア文献の翻訳学校が創設され、アラビア文献のラテン語への翻訳事業が大々的になされた。また『コーラン』のラテン語訳も試みられた。

いずれにしても当時のヨーロッパにおいてはユークリッド、プトレマイオス、ヒポクラテスは知られておらず、アリストテレスさえ、ほとんど知られていなかったのである。中世期の西欧文化とギリシャとが疎遠であったことを象徴するものとして、英語のGREEKを辞典で引いてみよう。

すると「ちんぷんかんぷん」とか「まったく意味の分からないこと」などの意味がある。これなどは中世期の西欧がいかにギリシャと疎遠であったかを物語る歴史の残滓《ざんし》である。

文明原理主義としての近代西欧

その西欧文明が深淵が横たわるギリシャやローマの文明に接する機会を作ったのが、イスラム文明であることは、歴史を虚心に見れば一目瞭然である。

しかし、18世紀後半以降の産業革命を成し遂げた西欧文明の自尊心は、異教徒であり、中世的な領域に止まっていたイスラム文明からの恩恵を受けたことを認められなかったのであろう。

文明史的に表現すれば、イスラムの膝下にあった中世的な段階を否定するために、近代ヨーロッパ人は、ギリシャ・ローマの文明の正統な後継者という考えを創造したといえる。西欧人は、高度なイスラム文明の背後にギリシャ・ローマの文明があることに気づき、イスラム文明のオリジナルであるギリシャ・ローマ文明の後継者の地位を奪おうとしたのである。今流行の言葉でいえば〝文明原理主義〟といえよう。

つまり、遅れてグレコローマン文明を学んだ、西ヨーロッパ（主にイギリス・ドイツ・フランス）の人々は、イスラムに対抗して、自らを真のグレコローマン文明の後継者と理念的に位置づけ、それをアイデンティティとして、現在の西ヨーロッパ世界を形成したという側面は否定できない。事実、現在の西ヨーロッパの多くは、イタリアを除き当時文化が発達していないといわれたゲルマンやノルマンの地域である。

また、イタリアでさえフン民族の襲撃以後数世紀間極端に荒廃し、ローマの文明的な遺産は、ビザンツ（１４５３年以降は、そのほとんどがイスラム帝国であるトルコに吸収された）にあったのである。

それゆえに、近代西欧型文明を、彼らが主張するようにグレコローマンの正統な後継者と呼ぶことは、歴史的には一種の捏造ということができよう。

しかし、この文明原理主義といえるグレコローマンの正統な後継者としての西欧文明という思想は、それ以後の近代西欧文明を決定的に規定する。

もちろん、イスラム教とキリスト教は十字軍のような一方的な敵愾心《てきがいしん》による対決期を除けば、良好であった。というより中世期の西欧の文明レベルがあまりに低かったために、両者の紛争は突発的なものを除き起こらなかったということである（イブン・ハルドゥーン『歴史序説』）。

イスラム文明を学び、文明としての体裁を整えた西欧文明圏において、生まれたのがルネサンスであり、また宗教改革であった。

セム的原理主義としての宗教改革

この宗教改革は、宗教的にはキリスト教の先祖返り、文明的には復古主義（というより歴史を恣意的に解釈したという意味では原理主義）であった。

いずれにしても、ユダヤ教から生まれ、その民族的限定を乗り越えた救済宗教であるキリスト教（ローマ・カトリック）を、今一度ユダヤ教的な選民思想と神の絶対性、審判思想などに結びつけて解釈し直したのが、いわゆる新教であるプロテスタントである。

特に、この新教の人々は、キリスト教の原初形態への回帰を目指した集団であり、新興の商人集団、特に金融業者などの支援によって新教は生まれた。そのために人間中心の脱自然的な考え方であった。それは都市型の思想で第2次・3次産業に有利な思想でもある。そしてこの新教の思想は、極めてユダヤ教に近く、さらにいえばイスラム教にも近似していた。つまり、イスラム教とプロテスタント諸派、特に、その中でもカルヴァンの教えは、極めてキリスト教原理主義と呼ぶにふさわしいものである。つまり、ユダヤ教的であるというわけである。このような経緯があり、プロテスタントの中のプロテスタントともいうべきピューリタン（清教徒）が、文化的に大きな発言力をもつイギリスやアメリカは、唯一の神の神意をイスラムと競合するゆえに、両者は相いれない部分をもつ。特に、セム的一神教は正統性をめぐり、宗教的威信をかけて対立しやすいことは、周知のことである。

双子の兄弟による兄弟げんかと宥和《ゆうわ》

以上のように、イスラム原理主義者の主張と米英の主張は、近似した構造をもついわばパラレルな関係にある。

それゆえに、両者は対決しやすいと宗教社会学的、あるいは文明論的にはいえる。一神教原理で動く両宗教は、互いに神の意思が、どちらにあるかを確かめずにはいられないという関係にあるからである。

両者は神の意思を社会に反映することを目指すメンタリティをもつゆえに、両者の主張は当然政治的にならざるをえない。

しかし、両者の対決は決して不可避でも、必然でもない。要は、21世紀に向かっては、紛争と対立の構図のみを描くのではなく、文化、文明レベルの平和の可能性に注目すべきであろう。

ただし、現在一部の学者が主張するような、イスラムの寛容性をもって両者の対等な共存の可能性を追求するということは「異教徒観」を基本とするイスラムにとって可能であるかどうか検討を要することも事実である。

また「異教徒などは、穢《けが》れそのもの」というイスラムにおける他者認識は、よく知っておくべきである。

この時、あるいはオスマン帝国におけるキリスト教徒やユダヤ教徒への寛容さが、イスラム文明のいわば国際性を表すとの意見も出よう。

しかし、そこには山内昌之『民族と国家』によれば、イスラムの絶対優位下における一種のマムルーク（傭兵）として、有能人材を宗教を問わず（それは「啓典の民」に限られていたが）登用したということもできる。

彼らの人権を認めたのではなく、その機能性を認めたということである。さらに問題なのは、『コーラン』によって多神教徒（カーフィル）と呼ばれる人々との共存の可能性である。その意味で、イスラムの異教徒認識は、イスラムの実質的な拡大と共に世界規模で、問題になるであろう。

もちろん、このような一種の不寛容さは、単にイスラムのみに認められるものではない。欧米におけるユダヤ人への対応を見れば、それはどの地域にも見出せるものである。ただし、それが宗教という存在レベルから規定されているのか、一種の文化として機能的に導き出されているのかの差は存在する（アルビジョア十字軍や30年戦争は宗派の違いで殺しあった）。

いずれにしても、21世紀の国際社会における平和共存社会の建設には、両者の理解と協調が不可欠である。

その意味で両者の対話がさらに進展させる必要がある。そして、それは可能でもあると思われる。

日本人とイスラム原理主義

３章と重複する部分もあるが、再度日本とイスラムについて触れたい。日本および日本人は、イスラム文明とキリスト教文明圏（ヨーロッパやロシアなど）との抗争の歴史に無関係であり、両者の立場を相対化できる立場にあるということは客観的な事実として重要である。その意味で日本人はイスラム文明に本来は無辜である。西洋文明のようなイスラムへのコンプレックスや先入観はほとんどない。

しかし、日本人のイスラム観を大きく左右する事件が立て続けに勃発し、日本の中に漠然としたイスラム脅威論が浸透しつつあることは事実である。

それは１９９１年の筑波大学助教授・五十嵐一氏の大学構内での暗殺にはじまり、１９９７年に起きたエジプトの日本人観光客虐殺事件、そしてイラクにおいて発生した外務省職員の殺害事件、また日本人技師等の拉致、監禁そして身の代金略取事件などである。

このようないわば不幸な事件が、多くの善良なイスラム教徒やイスラム文明への印象を日本人に形成させることは不幸である。

しかしさらに重要なことは、彼らがなぜこのような行動に出るのか、さらに我々日本人は、そのような人々とどのように付き合っていくべきかを真剣に考えなければならない時期にあると認識することである。

そのような時期に、アフガン問題・イラク問題が発生した。特に、イラク問題は、アメリカによる経済利権取得、つまり石油利権の奪取があることがあまりに露骨であり、これに加担する日本政府のやり方が、イラク民衆に反感を買わないか危惧されるところである。

「イスラム教圏は日本に感謝している」と過度に期待してはいけない

我々日本は、周知のように、第2次世界大戦あるいは大東亜戦争を引き起こし、周辺諸国はもとより、自国を消滅の瀬戸際まで追い詰めてしまった苦い体験から、いわゆる「平和」志向の国家を目指して再出発した。

戦後の日本社会は「平和」を目指して、まさに驀進《ばくしん》してきた。その結果が現在の繁栄をもたらしたことは、人類史に誇れる偉業といっても決して自画自賛だけではないであろう。

しかしてである。日本人は「喉元過ぎれば熱さ忘れる」の言葉どおり、過去のことを頓着しない国民文化を形成してきたようで、昨今の政権の目指すところは、つまり「真の国際貢献は、平和秩序の形成、維持に積極的にかかわること」というような美名のもとに、武力行使を日本国外にまで広げようとしている。

記憶に新しいＩＳ（イスラム国）を名指しで非難した安倍首相への宣戦布告ともとれる「日本もイスラムの敵と認識される」という言葉は、決して軽視できない言葉である。

日本は欧米列強のように中東地域との関わりで、直接的に敵呼ばわりされるようなことはしていない。つまり我々の手を中東地域の人々の血で汚していないのである。むしろ、中東地域の復興や発展に大きな貢献をしてきた。その意味では感謝されこそすれ、恨まれる筋合いはない。そう考えがちである。

しかし、それは日本人的な発想であり、イスラムの発想ではないであろう。

彼らは「すべてはアッラーのお計らい」と考えるので、アッラーの恩寵をたまたま日本人がもってきたというほどの感覚で受け止めているはずである。そのことで「彼らが恩知らず」というように日本人が考えるとしたら、それは誤りである。

イスラムの伝統では、もてる者はそれを求める者に与えることが美徳であり、宗教的な義務でさえある。だから「与えたほうは、彼らによって徳を高めさせてもらった」と考えねばならない。神の恩寵をより多く頂けるからである。

このような考えは、実は仏教の布施にも、キリスト教の寄付にも通じる精神であるが、イスラム教にこの傾向が強いといえる。

イスラム教圏は日本に親しみを感じているはずだし、感謝もしているはずだと過剰に期待してはならないのである。

イスラム圏に関わるならば相応の理解が必要

さらにいえば、日本は必要以上のことに手を出すべきではないであろう。もしそれをするならば、十分な文化理解、特にイスラム教という宗教の特性を理解しておく必要がある。例えば、イラクのサマワで日本は、インフラ整備など現地の人々に多大な貢献をして、感謝されていることは高く評価されていいだろう。

しかし、このサマワでイスラム教徒と日本人の文化の差を象徴することが起きた。サマワの人々が、日本の貢献を記念するモニュメントを残すように、日本に依頼したことがきっかけだった（歴史の記録にこだわるイスラム教徒らしい要望である）。

そこで自衛隊の人々は、日本的な文化の象徴で、砂漠の地でも十分維持できる日本庭園を造りプレゼントしたのである。この選択は、日本的には最善のものであり、おそらく非イスラム圏であれば、歓迎されたものであろう。

しかし、サマワのこの庭園はやがて破壊されたという。なぜであろうか?

そこにはイスラム独自の思考があり、それが文化の差でもある。つまり、日本の庭園、特に枯山水は、禅宗つまり仏教の宗教施設であるということだ。特に、日本庭園によく用いられる灯籠《とうろう》などは、仏教のみならず神道でも重視する宗教性を象徴するものであるのだ。

ここに本書でしばしば言及してきた文化、あるいは文明の背後にある宗教性の存在の問題がある。日本人のように文化や文明形態と宗教を分離して考える社会とイスラムのようにすべては一元的に結びつくと考える文化、文明との違いは、このようなものである。

宗教文明論というのはこういうことを理解するための方法論なのである。

つまり、宗教の特性を十分理解しておかないと、善意でもって相手を傷つけることになり、結果として自分も傷つき相手を恨むことになりかねないのである。

サマワの問題は、大きな国際問題には発展しないレベルのものであるが、しかし、宗教にうとい日本が、イスラム圏に関わることの難しさを象徴している。

ゆえに、イスラム圏への関わりは、たとえ消極的と誹られようが現時点では、準備段階として慎重の上にも慎重を期すことが必要であろう。

なぜならしばしば指摘してきたとおり、日本の中東研究、イスラム研究は、現在のような状況に対応するには、まだ不十分といわざるをえないからである。

現時点でのイスラム研究のみならず人文科学一般に対する日本政府の扱いは、このような文化や思想、宗教研究の研究補助費などがどんどん削られる傾向にあることに象徴されている。確かに、思想、文化、宗教といった人文科学の研究には、即効性がない。しかし、政治や経済、さらには軍事面でも成功するためには、この一見無駄な人文科学的な視点が不可欠であることは、十分理解すべきである。

そうでないと「画竜点睛《がりょうてんせい》を欠く」どころか「九仞《きゅうじん》の功を一簣《いっき》に虧《か》く」ことになりかねないのである。

実は日本は、先の大戦でも同様の失敗をしている。技術に優れるあまり、他者の人文系の領域を軽視して、人々の怨みを買う羽目になったこと、その後遺症に今でも苦しめられていることに気付くべきであろう。

第6章

イスラム教を知るための10のキーワード

――アッラー、歴史、コーラン、ムハンマド、セム族……

▼これから世界の3分の1を占めるイスラム教徒
▼彼らと向き合うための基礎知識

①アッラー……イスラム教における根本原理

イスラム教を語るには、その最たる特徴である神観念に言及しなければならない。

イスラム教は、ユダヤ、キリスト両教の神観念のモチーフを基本的には継承している。その意味で、三教には神観念において共通したパターンが見いだせる。

つまり創造主であり、唯一の存在とされる神であるため、多神教であればいくつかの神に分散される神の権能が、唯一の神に収斂《しゅうれん》される。

イスラムからすれば三教は啓典の宗教として、互いに存在は可能であるとする。そのため長い歴史の内には、ごく一時期骨肉の争いを行ったが、ほとんどの時期に共存できたのは、このように同系の神観念を共有していたという認識があるからである。

しかしこの基本パターンも、ユダヤ、キリスト、イスラムの三教では微妙に異なる。そしてその違いが三教の独自性となっている。

厳格な一神教の代表とされるイスラム教の主宰神アッラーは、すべてのイスラム教徒の信仰を一身に集める唯一絶対的にしてすべてに超絶した神である。

イスラム教の宗教的、社会的、心理的などのすべての価値の源泉は、アッラーに収斂される。

それは『コーラン』に表現される神の姿によって象徴的に表されている。

しかも人間はこの神から『コーラン』という特別な慈愛に満ちた恩寵《おんちょう》を賜り、「アッラーの契約を結んだからには、必ずこれを実行せよ」という命令のもと、アッラーによる救済を保障されていると考えるのである。

ここに、すべての価値観がアッラーに収斂、具体的にはアッラーの降し給うた『コーラン』に、その源泉が求められることとなる理由がある。

アッラーとはアラビア語で神を意味するイラーフに、定冠詞が同化してできた言葉といわれる。

この神はすべてに超絶し、すべての創造主であり、宇宙の支配者であり、かつ「各人の頸の血管よりも近く」におわす、つまりいずこにも偏在する神でもある。

このようにイスラム教におけるアッラーは、その絶対的な超越性のゆえに、有限なる人間の知性の顕現である言葉によっては、表現することができないとされ、その特性をもってかりそめに表現することが行われる。

その性質の多くが人間の常識的な知識認識では矛盾的にしか表現されえないことも、また人間の有限性と神の絶対性を端的に示すものと、イスラム教においては理解される。

このアッラーの神観念は、すべてに視覚的、聴覚的つまり物質主義的であった砂漠の民の精神伝統を基礎としつつ、ユダヤ、キリスト教の一神教の文化的影響を受けて形成されたものである。したがって、アッラーを主宰神とするイスラム教は、何にもましてアラブ的であると同時にセム的でもある。

②歴史……イスラム教の歴史とは

イスラム教の歴史は、1人のアラビア人であるムハンマドに始まった。そして2015年の今、その数はキリスト教や仏教と並ぶ世界宗教として15億人を数えるまでになっている。

しかもその伝播力は衰えるどころか、特に第三世界において、人口の自然増および改宗者の受け入れにより増加傾向にある。

もっとも若い世界宗教であるイスラム教の歴史は、まさに既存の宗教との闘争とその併呑の歴史である。それはムハンマドの立教以来続けられてきており、今日においても引き続き行われているとみてよいであろう。

このイスラム教の歴史は、ムハンマドの在世期（570頃～632年）から正統カリフ時代（632～661年）を経て、ウマイヤ朝（661～750年）、アッバス朝（750～1258年）と続き、以後世界各地にイスラム教の政権が生まれ、現在に至っている。

その間、イスラム教は和戦両面から瞬く間に伝道され、西はスペイン、東は中国に至るまでその勢力は拡大した。

また、イスラム教徒は、このような闘争の歴史のみならず、ギリシャやローマ、ペルシア、インド、エジプトなど各地の文化を融合させ、世界史上類を見ないほど普遍的で高度な文化を生み出した。

意外なほど評価されていないのだが、ヨーロッパ近代文化の誕生には、このイスラム教が大きな役割を果たしている。

イスラム教徒は地域的な限定をもたない『コーラン』の教えとムハンマドの生業であった商業を好むためか、世界各地へ積極的に出向いて交易に取り組んだ。それと同時にイスラム教の伝道を行ったのである。

そのためイスラム教は世界各地に多くの場合、平和的に伝播された。

特に近年では、ソビエト連邦の崩壊による冷戦構造の終焉と、共産主義というイデオロギーの崩壊による精神的空白を埋めるために世界各地のイスラム教徒が原理主義を含めたイスラム復興を唱え、過去数世紀にわたって停滞していたイスラム教運動に政治的、民族的なアイデンティティを求めようとしている。それは行き過ぎた近代化という名の近代ヨーロッパの文化的な侵略（と彼らは考えている）に対する運動でもある。

そのことは今後の世界情勢に大きな問題を投げかけるであろう。

③コーラン……イスラム教は『コーラン』の宗教である

イスラム教は、ユダヤ・キリスト教に続く天啓宗教の最後に位置するとムスリム（イスラム教徒の自称で神に服従するものの意）が主張する宗教である。

したがってイスラム教における宗教的なモチーフの基本型は、ユダヤ・キリスト両教に準じるものである。

イスラム教において最も重要なことが3つある。それは神の唯一性と預言者ムハンマドによってもたらされた神の言葉の書である『コーラン』、そしてムハンマドが神の使徒であるということ。

イスラム教は、唯一絶対の神アッラーを戴き、すべての人間はアッラーの前に平等であるとして、地域、年齢、性別などによって、その救済条件に一切差別のない宗教と考えられている。その意味で、ユダヤ・キリスト両教の救済思想を発展的に継承しているといえる。

イスラム教はその発生が新しいために、既存の宗教へその存在をかけての聖戦を積極的に行ってきた。そのため、イスラム教の発展史は、他の宗教との緊張の連続であり、信仰をかけた戦いでもあった。

また今日でも成長する宗教であり、特に第三世界においてその教線は著しく拡大しており、それに伴う他宗教との関係は緊張しつつある。

『コーラン』は、復唱・暗唱を意味するアラビア語を語源とする。そして『コーラン』は唯一全能の神と信じられているアッラーが、メッカのクライシュ族のムハンマドに下した啓示が収録されたものである。

最初の啓示以来、ムハンマドはそれを信者たちに向かって唱え、また信者たちに唱えさせ、暗唱させた。

信者たちは啓示が下るごとに、その一言一句を聞き漏らさないように、また忘却しないように強く脳裏に刻み込むか、それを椰子の葉や皮革、石版、骨片などに記録し保存した。

預言者であるムハンマドが生存中は、神の啓示を体系的に編集する必要はなかった。しかしムハンマドの死により、イスラム教徒たちは日常生活の諸事から宗教的な救済項目に至るまでの裁定者を失った。さらに度重なる戦闘で預言を伝承していた多くの古参イスラム教徒がいなくなり、イスラム教徒にとっては神の福音である預言消滅の危機に直面することとなった。

そのためムスリム共同体に預言を永久的に保存する必要が生じた。そこでムハンマドの後継者であったアブー・バクル（在位632〜634年）は、ザイード・イブン・サービットに命じて、預言の収集と編集をさせた。

ここに聖典『コーラン』の原型が出現することとなった。その後、変更はあったもののイスラム教徒にとって『コーラン』が神の預言を記述した尊い書として信仰の対象となっている。

『コーラン』はアラビア語のみによって唱えられる

すべてのイスラム教徒は『コーラン』を神聖視し、その教えを絶対のものとし、日常生活一般から、政治・経済など人間生活のあらゆる価値の根源に置くことを義務とする。

したがって『コーラン』の教えに忠実であろうとするイスラム教徒にとって、その暗唱は必要不可欠の宗教的な行為である。

また『コーラン』の暗唱は、神の言葉をそのまま伝えるという観点から、ムハンマドが誦したとおりの言葉によって、つまりアラビア語のみによって唱えられることになっている。それは『コーラン』の中にもその根拠となる言葉が複数出てくる。

したがって『コーラン』は他の聖典のように、それぞれの地域の言葉に翻訳されることはない。便宜的に翻訳されても、それは宗教的な意味をもたない。

この点1つを取っても、アッラーの言葉をそのままに遵守しようとする、イスラム教徒の宗教姿勢があらわれている。まさに、聖典崇拝の典型である。

しかし、聖典を崇拝するといっても、聖典そのものを崇拝するのではなく、その崇拝対象はあくまでも朗唱される言葉であり、経典信仰ではない点は注意を要する。

神の言葉を綴ったとされる『コーラン』につぐ聖典として、聖伝（ハディース）がある。これは人間ムハンマドの言葉を、その教友らが実際に見聞きしたことを収集したものである。

『コーラン』が神の言葉、信仰の書であるとすれば、聖伝はすべてのイスラム教徒の師であり模範であるムハンマドの日常生活を伝えたものである。イスラム教徒たちの宗教生活から日常生活の規範のすべてにわたる行動様式の基本を示す書物であるといえる。聖伝にはこんな一節がある。

「イブン・ウマルは伝えている。ウマルは黒石にキスをしながらこういった。『私はお前にキスするが、もちろん、お前が単なる石塊にすぎないことを知っている。ただ、私は、アッラーのみ使いがキスをなさったのをみたことがあるため、このようにお前にキスをするのである』」

このように、イスラム教徒の一切の行為はムハンマドの行ったとおりにすることが理想とされる。なぜそのようにするのかという理由は、一般のイスラム教徒にとっては意味をなさない。それは「神のみ使いであるムハンマドが行ったから」という理由で十分なのである。なぜなら彼は神の預言者であり、神の意志を民衆に伝える人で神に最も近い人、選ばれた人だからである。

このように考えるイスラム教徒にとっては、自らの行為がムハンマドの行為に照らして正しいか否かということが重要なことであり、その理由や意味を詮索することは、神や預言者を疑う行為ともなるので、信仰上、忌避される行為である。ここに、聖伝がイスラム教徒にとって必要不可欠である理由が存在する。

④ムハンマド……メッカに生まれたイスラム教の創始者

イスラム教の創始者にして、すべてのイスラム教徒の模範とされるムハンマドは、西暦570年頃、当時のアラビアにおいて最も栄えていた中継貿易都市の1つであったメッカに生まれた。しかし、彼は生まれる前に父、そして6歳の時に母を失い、孤児として不幸な幼年期を過ごした。

不遇だったムハンマドの生活が一変するのは、彼が25歳の時。17歳年上だった富裕な未亡人のハディーシャとの結婚がきっかけだった。結婚を機に生活上の余裕を得たムハンマドは、やがて精神世界へ強く惹かれていく。40歳を迎えた頃から、彼は人里離れたところで1人瞑想や祈禱に没頭することになる。ここに後代イスラム神秘主義出現の根拠がある。ある時、メッカ近くのヒラーの洞窟にこもっていたムハンマドの前に、光に満ちた神が出現し、啓示を下したとされる。

それ以来、ムハンマドは、生涯を通して預言者として、あるいは神の代理人的存在として、イスラム教の発展のための戦いに明け暮れることになる。そして、預言者として幾多の苦難に遭遇しながらも、ついにアッラーの道、イスラムの教えを全アラビアに広めることができた。

世界宗教イスラム教の歴史は、ムハンマドの啓示に始まり、以後無限に拡大し、21世紀の今日においても、なお力強い拡大を続けている。


イスラム教の特徴の1つは、後述するセム的な預言者の存在を説きながらも、ムハンマドの存在をキリスト教や他の宗教の開祖に見られるように過度に神格化しないことである。これは「汝より前に我ら（アッラー）が遣わした使徒もみんなめしを食い、市場を歩き廻っていた……」というムハンマドを含めた預言者のイスラム教における認識でも明らかである。したがって、イスラム教から見ると単なる預言者の1人であるキリストを神の子とするキリスト教は「『アッラーが子を生された』とは。まことに、ひどい嘘をつくもの」という理由で非難の対象となる。

つまりイスラム教においては、「この者（ムハンマド）は、古来（神に遣わされた）警告者と同じ1人の警告者」に過ぎず、彼はただ「汝（ムハンマド）はただ命ぜられることだけを宣言しておればよい」という、いわば神の拡声器的な役割を負った者と認識されていたのである。

このように、イスラム教では預言者の神格化を否定はするが、しかしムハンマドを特別な人間、すなわち使徒として崇敬することは、他の宗教の開祖のそれに勝るとも劣らない。

ムハンマドは、神によって選ばれた人間として、神の命令を人々に伝える一方で、信仰者の長として宗教生活から日常生活にいたる一切の指導者、あるいは模範としてイスラム教徒の上に君臨する。すべてのイスラム教徒は、彼の生活を理想とし、彼を師として仰ぎ、彼を敬慕するのである。そして彼の子孫は、聖胤として宗教上の尊敬を受けている。

⑤セム族……3つの啓示宗教としてのユダヤ、キリスト、イスラム

人類史において重要な3つの啓示宗教（啓典宗教）であるユダヤ、キリスト、イスラムの各宗教は、一般にセム族の宗教といわれる。

このセム族の宗教は、不可逆的な時間の流れを前提とする特徴がある。つまり、神の創造の瞬間があり、それが神の破壊（終末）へと直線的に流れていくという思考である。そのような流れの上に立って、唯一神からの啓示を受ける預言者や使徒（ナビー）の系譜が説かれる。

つまり、預言者や使徒の出現が、歴史性つまり過去現在未来という時間の直線的な流れ

の上に秩序だてて語られるのである。この時間認識が、仏教やヒンドゥー教のような循環的な時間論と大きく異なる。つまり直線的で、不可逆的時間論である。その中で歴史的、時間的な連続性意識の上に、ムハンマドが預言者として出現したとする。「啓典の民よ、こうして我らの使徒（ムハンマド）が、使徒の（遣わされる）一定の合間を置いて、汝らのところにも遣わされてきて、いろいろなことを説き明かしてくれる」という認識である。

しかし、同じ神の預言を受けた三者は、同じ神の啓示を受けながら、なぜ差異が生ずるのであろうか。つまり、なぜ複数の預言者が必要となったのか。

それは人間の勝手な解釈を糾すために、最後の預言者としてムハンマドは遣わされたという認識からである。イスラム教では、ユダヤ・キリスト教には一目置きつつも、そのあり方に人間の恣意性が加わっているがゆえによくないというわけである。

異教徒は聖戦の対象である

このような時間的な連続性に宗教的な正統性の根拠を求めるために、セム族の宗教では、特に正統・異端の判断が単純であり、厳しい。思考が単線的であるからだ。

また、多神教徒、特に偶像崇拝者、あるいは無神論者に対する認識は極めて厳しい。異教徒は「まったく穢れそのもの」としている。

そして、イスラム教の思考や行動様式を考える上で重要な点は、多神教徒や偶像崇拝の徒は、それだけで「聖戦の対象となる」ということである。

異教徒、偶像崇拝者、多神教徒は、イスラム教を信仰しないという理由で、聖戦の対象となるのである。

なぜなら、多神の存在を認める、あるいは神を具象化することは、神の唯一性を否定することになると考えているからである。唯一の神の神性を冒涜する行為となると考えるのである。

ユダヤ・キリスト教の排他性

このような記述によれば、イスラム教は強暴な宗教との印象を得てしまうであろうが、そうではない。

それはセム的宗教の選民思想や唯一神以外を認めない峻厳な神観念によっている。したがって、暴力、具体的には他宗教者の殺戮は、ユダヤ教・キリスト教においても同様に繰り返された。

特に、キリスト教においての異端審問や十字軍、およびユダヤ教徒への虐殺（それはヒトラーだけではない）、さらには魔女狩りなど凄惨な歴史的な事象には、事欠かない。

つまり、現在いわれているイスラム脅威論、その背景にあるアメリカやヨーロッパ人の言葉の裏には、彼らが攻撃する対象であるイスラム教以上の過酷な歴史があるということを考える必要がある。

特に、キリスト教やイスラム教には、宗教的な拡大志向がある。そのために、彼らは万難を排して布教する。

その過程で、時に十字軍のような征服戦争、南アメリカの征服戦争、そして近代に入っての植民地主義というような聖戦も起こるのである。また、神の唯一性の強調は、結果として信仰者の純粋性を志向する。それが、具体化した時に、異教徒や異民族の排除というような問題に発展する。

⑥政教一元……イスラム教における政治とは

イスラムの政治は、近代国家のそれとは意味合いが大きく異なる。イスラムでは、西洋における近代社会に一般的な政教分離主義、つまり政治と宗教を切り離すというような価値の二元化、多様化を許さない。なぜならイスラムの基本はすべての価値の源泉が「神」

にあるとする「神本主義」だからである。

この考え方は、世俗世界の領域と宗教を明確に分離する世俗主義の政治制度（政教二元論と呼ぶこととする）に対して、すべて神に収斂するという政教一元主義（これをタウヒードの政治）と呼ぶことができる。イスラムの社会構造は、その基本が近代世界と異なるがゆえに、我々にはわかりにくいものとなっているのである。

ところで、今日我々が模範とする近代西洋型の政治形態は、よく知られているようにキリスト教の中のカトリック派とプロテスタント派による血で血を洗うがごとき激しい戦争の果ての妥協の産物である。ヨーロッパでは政治と宗教は分離するほうが社会的なリスクが小さいという結論に達したということである。これがいわゆる近代における「政教分離主義」というものであるが、その結果、国家を神聖視、つまり国王や領土を神に代わって絶対視する思想が生まれた。これがイスラムの政教一元と対立するのである。

ところが、同じくセム族（実はこのセム族の宗教の基本は、政教一元が原則）の宗教であるイスラム教においては「イスラム教は世界宗教で唯一、その発生当初より世俗政権の蜜の味を味わった宗教である」という表現があるように、宗教と政治は密接不可分である。

その関係は前述のとおり政教一元である。もちろん、人類史上において宗教と政治は同根というより、政治は宗教の一部が機能分化し独立したもの。言葉を替えれば王権や世俗国家といった世俗権力は、宗教の現実世界の代用であるとの認識も成り立つのである。

したがって宗教と政治を別個のもの（いわゆる世俗主義）と考える近代ヨーロッパ型の政教分離主義の考え方のほうが、特殊であるという見方も可能である。

その意味で、イスラム教の政治思想は、非近代西欧型文明的といえる。これは決してイスラム教における政治思想が、遅れている形態であるという認識には直結しない。

⑦平和……イスラム教徒の考える平和は暴力を含む!?

イスラム教を暴力的な宗教と位置づけ、彼らを「右手に剣、左手に『コーラン』」と評したヨーロッパ人のイスラム教観は、近年あまりにも歴史を歪曲したものとして否定される傾向にある。

しかし、イスラム教徒の与える精悍なイメージを「剣を帯びた騎乗の儒者」と形容した岡倉天心の言葉が奇しくも象徴しているように、武力、時として暴力をも辞さないイスラム教徒の峻厳さは、非暴力や非殺生を説く仏教やジャイナ教、あるいはマハトマ・ガンディーのそれとは大きく異なるものであることは、注意を要する。

イスラム教徒は自らを「平和（平安）の民」と意識している。というのも「イスラム」の語源は、salmaであり、それは「（心の）平安」、あるいは単に「平和」と訳されるサラーム（salam）の原形でもある。彼らの挨拶が「サラーム（平安）」あるいは「アッサラームアレークン（汝に平安あれ）」という言葉であることにも象徴されている。ただし、この平安あるいは平和とは、イスラム教を信ずるものたちの間でのそれであることが前提である。

またイスラム教における最終的な平和状態とは、世界の平和と個々人の内面的な平安が獲得される状態である。それを可能とする世界は、究極な理想社会ということであり、結果的に審判の後に神に与えられる楽園での生活以外には存在しないことになる。つまり、このような理想状態は、死後のこととなるのだ。

したがって、次善の策として現世における平和と平安の状態の獲得が、真の課題となる。イスラム教的なタウフィード（価値観）の思想では、当然両者は同一のものに帰着する。

聖戦（ジハード）による平和論

イスラム教においては社会の平和状態と、個々人の宗教的平安つまり救済の保障について、どのように考えているのであろうか。

個々人の心の平安については、イスラム教に絶対帰依し、それを実行することで理念的には得られることとなる。そして、個々人がそれを得るための必要な状況作りに、後述するウンマが必要となる。したがって、現世におけるイスラム教の平安状態とは、イスラム教の教えに忠実に生活することということに尽きる。

一方現実社会における平和状態の確立、つまりイスラム教の理想社会の確立は「世界のイスラム教化」を最終目的とするイスラム教においては、その目的が完結するまで獲得できないこととなる。イスラム教徒はこの究極的な目的のために、自らを捧げること、つまり布教が理論的には義務とされるのである。この過程において当然予想される困難に対する自己犠牲、特に異教徒と積極的に戦うことがいわゆるジハード（聖戦）の思想である。だからイスラム教には理論的に、世界がイスラム教化するまで社会的な平和は存在しないこととなる。さりとてイスラム教の布教は暴力や武力のみによってなされるものではない。

このように、イスラム教においてはジハード思想を展開するゆえに「暴力を伴わない状態としての平和」という意味の平和をもたない。ただし相手が全面的に信服し、生殺与奪《せいさつよだつ》の権限をすべてイスラム教徒に任せるということであればその限りではない（ジハードには異なる解釈もある）。

ただし、この発想はセム的な宗教に共有されるものであり、決してイスラム教独自のものというわけでもない。キリスト教における十字軍がその好例だといえる。

⑧ウンマ……イスラム教信仰の要、ウンマ＝共同体という考え

イスラム教の共同体は一般にウンマと呼ばれ、信仰実践者の物心両面への相互扶助的な機能をもっている。

広義のウンマは、神の人類救済史における預言者による救済対象者・信徒集団のこととされる。

イスラムによれば、神は多くの預言者を地上に送ったが、その多くは神の呼びかけに背いたために、そのウンマは消滅させられた。これを受け入れたのがモーゼのウンマ（ユダヤ教）とイエスのウンマ（キリスト教）であった。両者は「啓典の民」と呼ばれ、イスラム教に先立つものとしてイスラム教においても敬意が払われる。

ただし彼らも神の教えを正確には理解していないとイスラム教では考えられている。そこで、神は最後のチャンスを人類に与え預言者としてムハンマドを遣わしたとイスラム教では考える。したがって、イスラム教はその出発点から、神の命令すなわち『コーラン』の教えを正しく聴き、それを実践するものの集団としての自覚があった。この時から、ウンマはイスラム教徒の集団を表す言葉となった。

最後に遣わされた使徒ムハンマドは、この分裂状態を再統合すべくイスラム教のウンマに義務を負わせて、その実践と引換えにイスラム教徒に神の救済の保障を与えたのである。

このようにしてウンマは形成された。以後、ウンマは内に向かっては、イスラム教の精神を実践するための相互扶助機能をもち、また外に向かってはこれを拡大、つまりイスラム教を宣教する義務を神に負わされた集団でもある。なぜならムハンマドは神の最後の預言者であり、預言者の打ち止めであるため、彼の言葉が神による人類救済の最後の条件となるからである。

⑨国家……イスラム圏の国家に様々な支配形態がある理由

イスラム世界でも国家（ダウラー）という枠組みは多岐にわたる。現在でも社会主義政党に支えられている国もあれば、トルコのように自由主義陣営に入って政教分離政策をとる国家もある。その一方で、神聖政治のようなイスラム聖職者が、実質的に政治まで担当している国もある。総じていえば、イスラム教国では、イスラムと政治の結びつきが強く、その関係が社会や政治の表面に出てきやすいということ。また、イスラムでは近代的な意味での国家観とは異なる国家観をもっているといえる。

イスラム教における国家は、その初期におけるウンマ（共同体）＝国家だった理想的な時代を別とすれば、ウンマを細分化する存在、つまりウンマという全体存在とウンマの理想を執行する世俗権力である国家（王朝）という二重性によって形成されてきた。

この二重性は、キリスト教のような対立的な緊張をはらんだ二重性ではなく、むしろ分業的な色彩がある。つまり、国家はウンマの維持管理権の代理執行機関と規定できるものである。この場合、ウンマはキリスト教の教会に類似する性格もあるが、教会ほどの組織も、実態的には職制もない、理念的な存在である。

しかも、この世俗権力機構の樹立は、前述のようにいかなる人間にも原則として開かれたのであった。したがって、イスラム社会における国家、具体的にはその国家を代表する存在としての王（王朝）の交替もかなり頻繁であった。

このように、イスラム社会では、一定の支配形態というものを想定せず、世俗社会の支配構造は人々の信仰を阻害しない限りどのような形態も許される。それゆえ、21世紀の今日、イスラム圏には様々な支配形態の存在が見られるのである。

⑩義務……イスラム教における宗教儀式の位置づけ

イスラム教徒のイスラム教徒たるゆえんは「アッラーの他に神なし、ムハンマドは神の預言者」という信仰告白にある。そして、一度信仰告白したものは、イスラム教徒として、守らねばならぬ義務が生じる。これを一般には六信五行と呼ぶ。

六信とは、アッラー、天使、啓典、預言者、来世（アーヒラ）、予定（定命・カダル）を信じることである。

さらに五行とは前述の信仰告白に始まり、礼拝、喜捨、断食、巡礼（またはジハード）である。

特に、イスラム教において信仰は、正しい行いによって表現されなければならないと考えられており、これらの実践は、イスラム教徒一人一人の宗教的な義務と見なされている。

礼拝（サラート）

礼拝は、神への服従と感謝の念を表す行為であるとされる。したがって、サラートの前には身も心も清めて一心に神に祈りを捧げるのである。これはイスラム教において特に顕著であるが、祈りとは人間が神に直接一対一で向き合うことであるとされるからである。

神の被造物、神の下僕である人間にとって、この世の生活自体（特に礼拝は）神への服従と救済の施与への感謝を表す機会であり、神との契約の確認の時でもある。そのために、彼らの祈りは、定められた時間、方法でメッカの方向に一斉になされる。

喜捨（ザカート）

喜捨もイスラム教徒にとって重要な義務の1つである。イスラム教に限らず多くの宗教は、自己犠牲の精神の具体化した形としての布施や喜捨などの慈善活動を奨励する。

しかし、イスラム教の場合は、それが明確に制度化され、しかも富者が弱者を救済するということが当然の宗教的な義務と見なされるが、決して無理を強要しないのも特徴である。もちろん義務であるから喜捨は進んで行わなければならない。

断食（ラマザーン）

断食はすべての成人イスラム教徒に課される義務である。

イスラム教徒は太陰暦のラマザーン月の1ヵ月、日の出から日の入りまでの間、一切の食べ物、飲み物を口にすることが禁止されている。もちろん『コーラン』においてはなるべく無理にならぬようにとの配慮もなされている。

イスラム教における断食は、他の宗教に見られる宗教的な救済を目的とする欲望の抑制として積極的にこれを位置づけるのではなく、義務としてこれを行う。確かに断食によって自我の抑制などの効果はあるが、それによって宗教的な救済を得ようとする他の宗教と異なり、救済はイスラム教の断食の主目的ではない。

巡礼（ハッジ）

巡礼においても事情は同様である。イスラム教において巡礼は、すべての信者が生涯に一度は実践しなければならない義務と位置づけされる。

メッカ巡礼はイスラム教徒の義務ではあるが、今日のようにイスラム教が世界中に広がってしまうと、それを実行することは容易ではなく、むしろ巡礼を行ったものは、ハッジと呼ばれ崇敬の対象になる。

あとがき

本書では、激化するイスラム過激派の運動を、再び到来した「イスラム拡大の時代」の幕開けの一環、少なくとも19世紀以来の西洋文明中心の世界構造から新たな世界構造構築に向かう過渡期に起こる問題と捉え、この事実を理解するためのパラダイム転換の必要性を論じたつもりである。ＩＳ（イスラム国）やアルカイダなどのイスラム過激派の個々の動きに対しても、そのような視点から考察を加えた。

もちろん、このような大きなテーマを論じるには、筆者は力不足であるし、本書は小作品に過ぎない。しかし、本書に筆者の意図はすべて盛り込んだつもりである。

とかく学者は現在進行形の問題には当たらず障らずで、態度を保留する傾向にある。まさに「ミネルバの梟《ふくろう》は夕暮れに飛び立つ」というスタンスである。筆者は少し異なる考えである。というのは筆者がインド留学していた１９８４年にシク教徒の内乱いわゆる「パンジャーブ動乱」があり、筆者はこのただ中にあってシク教の学者たちの活動をつぶさに見てきた。彼らは〝物言う活動家〟でもあった。

そして、今年でちょうど20年になるあの忌まわしいオウム真理教の一連の事件に関して、日本中の宗教学者、仏教学者が判断を保留していた時、くしくも『プレジデント』誌上において、「オウムの主張は仏教の精神に反する」と故丸山照男氏と共著で書かせていただいたのは、筆者がインドから帰国してしばらく経った時のことである。

そして、その担当者が今回この本の話をもってきてくれたプレジデント社の桂木栄一氏であった。深い因縁を感じた次第である。

筆者は、イスラム専門の研究者ではないが、しかし、イスラム過激派の問題は、単なるイスラム問題ではなく、もっと深く、広い文明レベルからの考察も必要だと考えていた時であり、無理を承知で一冊にまとめ上げた。

ゆえに、多々不備はあるが、同時代的な問題に対して、同時進行形での対応ゆえのことと、読者諸氏にはご寛恕を乞うばかりである。さらに、本書で筆者は多少専門的なことにも触れた。それは貴重な税金から科学研究費をいただき研究した成果などを盛り込んだためである。いわば科学研究費の成果の社会還元の意味も込められている。

多くの人にお世話になった成果の一部を利用できたことは、研究者としては本望である。本書が多少なりとも、イスラム理解に役することができることを願っている。

最後に、今の世界に必要な精神を的確に表したブッダの言葉で締めたいと思う。

「怨みに報いるに、怨みを以てすれば、怨みは消えることがない。思いやりの心（慈悲）を持ってのみ、怨みを連鎖を断ち切ることができる。これは人類の永遠の真実である」

参考・引用文献

マーク・ユルゲンスマイヤー『ナショナリズムの世俗性と宗教性』（玉川大学出版部）
保坂俊司『イスラームとの対話』（成文堂）
トマ・ピケティ『21世紀の資本』（みすず書房）
保坂俊司『宗教の経済思想』（光文社新書）
オスヴァルト・シュペングラー『西洋の没落』（五月書房）
サミュエル・ハンチントン『文明の衝突』（集英社）
イスラム教の聖典『コーラン』
マルコムX『いかなる手段をとろうとも』（現代書館）
ユダヤ・キリスト教の聖典『旧約聖書』
ヒンドゥー教（バラモン教）の聖典『ヴェーダ』
シク教聖典『グラント・サーヒブ』
ダーラー・シュコー『二つの海が交わるところ』
エドワード・サイード『イスラム報道』（みすず書房）
大貫隆 宮本久雄 名取四郎 百瀬文晃『キリスト教辞典』（岩波書店）
小林花眠『新しき用語の泉』（帝国実業学会）
社会科学辞典編集委員会『社会科学辞典』（新日本出版社）
公安調査庁『国際テロリズム要覧』（公安調査庁）
エドワード・サイード『オリエンタリズム』（平凡社）
トーニー『宗教と資本主義の興隆』（岩波書店）
フランシス・フクヤマ『歴史の終わり（上・下）』（三笠書房）
エスポズィート『イスラームの脅威』（明石書店）
伊東俊太郎『比較文明』（東京大学出版会）
岡倉徹志『サウジアラビア現代史』（文春新書）
臼杵陽『原理主義』（岩波書店）
山内昌之『民族と国家―イスラム史の視覚から』（岩波新書）
イブン・ハルドゥーン『歴史序説』（岩波書店）

※順不同

保坂俊司 ほさか しゅんじ
1956年、群馬県生まれ。早稲田大学大学院文学研究科修了。現在、中央大学総合政策学部教授、ならびに公益法人中村元東方研究所理事。専門は比較宗教学、インド思想。著書に『ブッダとムハンマド 開祖でわかる仏教とイスラム教』(サンガ新書)、『国家と宗教』(光文社新書)、『知識ゼロからの世界の三大宗教入門』(幻冬舎)、『イスラム原理主義/テロリズムと日本の対応 宗教音痴日本の迷走』(北樹出版)、『イスラームとの対話』(成文堂)などがある。

「格差拡大」とイスラム教
2030年、世界の1/3はイスラム教徒に

発行 2015年 4月28日 第1刷発行

著 者 保坂俊司
発行者 長坂嘉昭
発行所 株式会社プレジデント社
〒102-8641 東京都千代田区平河町2-16-1
http://www.president.co.jp/
電話:編集(03)3237-3732 販売(03)3237-3731

編 集 桂木栄一 遠藤由次郎
装 丁 長 健司
制 作 関 結香
販 売 高橋 徹 川井田美景

印刷・製本 図書印刷株式会社

ISBN978-4-8334-2130-0
Printed in Japan